Martin Denker

Ein Menschenleben

Rückblick auf 80 Jahre Menschheit

Inhaltsangabe

Das Buch erzählt den Lebensablauf eines ganz normalen Menschen, dem sogenannten kleinen Mann, der im Jahre 1937 in Deutschland geboren wurde.

Nach achtzig Jahren erlebter Menschheit, zieht er eine Bilanz seines eigenen Lebens, und der Entwicklung der Menschheit in dieser Zeit.

Die Erkenntnis, die er im Laufe der Jahrzehnte rückblickend gewonnen hat, soll dazu beitragen, dass eines Tages alle Menschen auf dieser Welt ein menschenwürdiges Leben führen können, und nach Ablauf ihrer Zeit, mit der Gewissheit sterben, dass auch ihre Kinder in einer humanen Welt leben werden.

Vorwort

Es nähert sich der Tag, an dem sich zum achtzigsten Mal der Tag jährt, an dem ich das Licht der Welt erblickt habe. Es wird daher Zeit, dass ich endlich damit beginne, den schon lange mit mir herumgetragenen Gedanken in die Tat umzusetzen, nämlich das in meinem Gedächtnis gespeicherte, und noch erstaunlich gut erhaltene Geschehen in der abgelaufenen Zeit, zu Papier zu bringen.

Da ich kein berühmter Mensch bin, wird Niemand ein Buch über mich schreiben, und wenn man meinen Sarg in der Erde vergraben, oder die Flammen mich wieder zu Staub gemacht haben, wird Keiner mehr erfahren, was ich getan, erlebt, gedacht und verschwiegen habe, und ich werde nach kurzer Zeit vergessen sein. Durch das geschriebene Wort, das mit der heutigen Technik bis in alle Ewigkeit konserviert werden kann, habe ich die Möglichkeit bis ans Ende der Menschheit zu überleben, und sogar noch Einfluss auf nachfolgende Generationen zu nehmen.

Diese Möglichkeit sollte sich Keiner entgehen lassen, sofern er des Schreibens mächtig ist, und ich tue das auch nicht.

Die Geschichte, zeigt, dass leider nur das Andenken an Menschen bewahrt wird, die die Menschheit beeinflusst haben. Die Gedanken und Träume der vielen Millionen, die unter dem Einfluss dieser Menschen gelebt haben, sind mit ihrem Tod für immer vergessen.

Ich werde versuchen, als einer von ihnen, meine Stimme für sie zu erheben, damit auch das Andenken an ihr Leben gewahrt bleibt.

Kindheit und Jugend

Rückblick

Das wahre Leben

Rückblick

Der Ruhestand

Rückblick

Ausblick

Kindheit und Jugend

Geboren wurde ich im Wonnemonat Mai im Jahre 1937 in Grünberg, im ehemaligen Schlesien. Da das Gehirn zu diesem Zeitpunkt noch nicht in der Lage war, irgendwelche Informationen zu speichern, wird es auch keinen Menschen geben, der sich daran erinnert, mit welchen Gefühlen er auf die Welt gekommen ist. Das ist auch gut so, weil es sonst vielleicht der Eine oder Andere vorziehen würde, sein neu begonnenes Leben gleich wieder zu beenden.

Die erste Erinnerung, die ich aus dem Gedächtnis abrufen kann, ist, dass ich in Rainshain, einem kleinen Dorf ebenfalls in Schlesien, gewohnt habe, wo mein Vater Lehrer war.

Die Wohnung war an das Schulhaus angebaut, und eine Treppe führte nach unten auf den Schulhof. Dort gab es auch eine

Garage, wo ein Opel Kadett stand, der ein Verdeck hatte, das immer aufgeklappt war.

Ich kann mich nicht erinnern, jemals in dem Auto mitgefahren zu sein, und schließe daraus, dass meine Erinnerung wohl erst mit vier Jahren begonnen hat, und mein Vater, der als einziger Fahrer in Frage kommt, zu der Zeit schon im Krieg war.

Eines Tages war die Garage leer, und ich fragte meine Mutter, zu der wir Kinder „Mutti" sagen mussten, wo das Auto ist. Zur Antwort bekam ich, dass wir es gern dem Führer gegeben hätten, weil er es brauchte, um den Krieg zu gewinnen.

Mutti saß jeden Tag vor dem Volksempfänger um den Text mitzuschreiben, wenn Zahra Leander wieder ein neues Lied sang, damit sie es hinterher auch mit dem richtigen Text nachsingen konnte.

Es kamen aus dem Radio auch laufend Sondermeldungen, die über den erfolgreichen Vormarsch der deutschen Soldaten berichteten.

An meinen Vater kann ich mich nur insoweit erinnern, dass er immer zu Weihnachten kam und Geschenke mitbrachte, und danach wieder in den Krieg zog.

Er muss aber in der Zeit auch noch etwas Anderes erledigt haben, denn meine Schwester wurde im September 1941 geboren. Mein Bruder und ich waren noch Vorkriegskinder.

Unvergessen sind auch noch die Reisen mit der Bahn zur Urgroßmutter, der Großel. Sie wohnte in Reibnitz, einem Dorf ebenfalls in Schlesien, durch das im Tal ein kleiner Bach floss, wo die Forellen von einem Ufer zum anderen flitzten. Es war ein Höllenspass für uns, zu versuchen, die Fische mit der Hand zu fangen, was uns natürlich nicht gelang.

Auch hatten wir eine große Zinkbadewanne zu einem Ruderboot umfunktioniert, mit dem wir auf dem Bach herumschippern konnten. Oft kippte das Gefährt, meist absichtlich, um und wir fielen ins kalte, glasklare Wasser.

So sehr ich mein Gehirn auch anstränge, weitere gute Erinnerungen an die ersten Jahre der Kindheit kann ich ihm nicht entlocken.

Die Gesichter der Erwachsenen wurden immer ernster, und blanke Angst kam auf, als die Sondermeldungen im Radio die ersten Informationen brachten, dass der erfolgreiche

Vormarsch der deutschen Truppen in Russland offenbar gestoppt wurde.

Statt todbringend nach Osten zu marschieren, kehrten die deutschen Armeen jetzt flüchtend zurück nach Deutschland, und die russischen Soldaten folgten Ihnen todbringend nach Westen.

Die deutsche Propaganda hatte die Russen schon vorher als Untermenschen dargestellt, und so eilte Ihnen die Nachricht voraus, dass sie sich auch so benehmen würden, Frauen und Kinder vergewaltigen, alles zerstören und verbrennen, und danach Alle umbringen würden.

Panik brach aus, dass man es nicht mehr rechtzeitig schaffen könnte zu fliehen, oder was man sonst noch tun könnte.

Der Keller war voll mit Eingemachtem. Was sollte damit geschehen? Wie sollte man denn hier wegkommen, und was sollte man mitnehmen?

Da verbreitete sich das Gerücht, dass die deutschen Soldaten auf ihrem Rückzug bald mit Lastwagen und Panzern hier vorbeikommen sollten, und auch Zivilisten mitnehmen würden.

Eiligst wurde das Nötigste zusammengepackt, wir Kinder wurden dick angezogen und marschierten hinunter zur Dorfstraße, wo die Wagen schon bereitstanden. Wie lange wir gefahren sind, und wo wir schließlich angekommen sind, weiß ich nicht mehr.

Die Erinnerung setzt wieder ein, als wir irgendwo in einem Haus übernachtet haben, und ich aufwachte als Mutti laut schrie: "Nein, bitte nicht!" Auch andere Frauen, die noch mit dort schliefen, weinten und stöhnten.

Da ich als Kind noch nicht wusste, was da passierte, verkroch ich mich voller Angst unter der Bettdecke. Nach, für mich unendlich langer Zeit, kehrte endlich wieder Ruhe ein, und ein großes Glücksgefühl überkam mich, als Mutti danach zu mir kam und sagte, dass jetzt alles vorbei sei.

Am nächsten Morgen wollten Alle nur so schnell wie möglich weg. Die kleine Gruppe stand vor dem Haus, bereit zum Abmarsch.

Da kam ein Kommando russischer Soldaten auf uns zu, und sie ließen uns nicht weg.

Einige Soldaten verschwanden im Haus, um nach irgendetwas zu suchen. Tatsächlich kamen sie nach einiger Zeit auch wieder heraus, mit deutschen Gewehren auf dem Arm, die desertierte deutsche Soldaten dort wohl zurückgelassen hatten.

Der Kommandant bekam einen Wutausbruch und schrie die Frauen und Kinder an, was wir natürlich nicht verstehen konnten, weil er russisch sprach. Er steigerte sich so in Rage, dass er schließlich den Befehl gab, Alle mit dem Gewehrkolben zu erschlagen. Meine Mutti sollte die Erste sein.

Was dann passierte ging alles ganz schnell. Ich rannte auf den Soldaten los, woher ich den Mut nahm weiß ich bis heute nicht, und bearbeitete ihn mit Händen und Füßen, bis er schließlich den Gewehrkolben wieder senkte.

Meine mutige Tat hatte den Anführer der Truppe wohl so beeindruckt, dass er von uns abließ, und wir abziehen konnten.

Meine Mutter hat ihr ganzes Leben lang erzählt, dass sie sicherlich nicht mehr am Leben gewesen wäre, wenn ich nicht eingegriffen hätte.

Ich weiß noch, dass wir tagelang durch Wälder marschiert sind, immer in weitem Abstand von Wegen und Straßen, auf denen sich die Militärkolonnen bewegten.

Wie wir schließlich nach Hoyerswerda gekommen sind, und wie lange wir dort waren, kann ich im Einzelnen nicht mehr berichten.

Gespeichert ist wieder, dass wir nach einem Fliegeralarm einen Luftschutz-keller aufsuchen mussten.

Alle waren schon im Keller und ich stand noch draußen, und lauschte dem dumpfen Dröhnen, dass immer näherkam, bis ich am Himmel schließlich ganz kleine Flugzeuge erkannte, die etwas verloren, was immer größer wurde.

Mutti hatte inzwischen mitbekommen, dass ich noch nicht im Keller war, und stürzte auf mich zu um mich schnellsten an der Hand in den Keller zu ziehen. Dort waren viele Frauen und Kinder und auch ein paar ältere Männer. Keiner sagte ein Wort. Alle warteten ängstlich auf das, was bald folgen sollte.

Dann brach die Hölle los. Es krachte überall und die Erde erbebte. Durch die Detonationen fiel der Putz von Decke und Wänden. Dann fingen die ersten Kinder an zu weinen, weil sie merkten, dass ihre Mütter auch in Todesangst verfielen. Einige falteten die Hände und fingen an zu beten. Eine Frau rannte die Treppe hinauf nach draußen, weil sie nicht lebendig begraben werden wollte.

Das Ganze dauerte gar nicht lange, dann wurde es plötzlich totenstill. Die Männer waren die Ersten, die sich wieder bewegten und auf den Ausgang zugingen. Dort mussten sie eine Menge Steine wegräumen, damit der Kellerausgang frei wurde.

Als wir wieder auf die Straße kamen, war die Stadt verschwunden. Es gab keine Häuser mehr, nur noch brennende Trümmerhaufen. Nicht weit von dem Haus in dem wir überlebt hatten, lag eine tote Frau. Es war die Frau, die den Keller verlassen hatte. Überall lagen Tote und Verletzte, blutüberströmt um Hilfe rufend.

Mutti ging mit uns schnell wieder zurück in den Keller, damit wir Kinder das nicht sehen sollten. Auch die anderen Mütter mit Kindern waren in den Keller zurückgekehrt. Alle wollten so schnell wie möglich raus aus der Stadt, weil man einen weiteren Bombenangriff befürchtete.

Noch am selben Abend brach eine Gruppe Frauen und Kinder auf, um auf Schleichwegen die Stadt zu verlassen.

Mutti wusste, dass zwei unverheiratete Schwestern von meinem Vater zusammen in Halberstadt wohnten, wo wir auch irgendwann ankamen. Damit waren wir erstmal in Sicherheit, denn ich kann mich noch erinnern, dass meine Tanten mehrmals mit uns einen Ausflug in den Harz auf den Brocken machten, und ich dabei auch das Pilze suchen gelernt habe. Ansonsten muss dort aber nichts Beeindruckendes passiert sein, denn sonst hätte mein Gehirn das gespeichert.

1945 war der Krieg zu Ende. Auch das muss mich nicht besonders interessiert haben. Ich weiß aber wieder, dass wir noch weiter nach Görlitz gegangen sind, wo die Oma, die Mutter von Mutti, ein Reihenhaus bewohnte, das noch nicht zerstört war.

Es war das Reihenendhaus zur Straße hin, und der Garten war durch eine Mauer zur Straße hin getrennt. Die Mauer war zwar ziemlich hoch, aber wir Kinder schafften es doch immer wieder darüber zu klettern, wenn die Mutti uns verboten hatte auf der Straße Fußball zu spielen, weil wir dann zu viele Kalorien verbrauchen würden, und es nichts zu essen gab.

Wir lebten von Kartoffelschalen, aus denen die Oma Kartoffelpuffer machte, Brennnesselspinat und was wir sonst noch irgendwo fanden, um es zu essen.

Irgendwann kam der Opa aus der Gefangenschaft zurück. Danach ging es uns etwas besser. Opa ging über die Dörfer Hamstern, wie man damals sagte, und brachte auch ab und zu etwas zu Essen mit.

Eines werde ich jedoch nie vergessen:

Zu dem Reihenhaus gehörte auch ein kleiner Garten. Obwohl wir nichts zu essen hatten, war der ganze Garten voller Tabakpflanzen, die so groß wurden, dass wir Kinder darunter, wie in einem Wald, spielen könnten. Die unteren gelben Blätter wurden immer abgenommen und auf langen Leinen aufgereiht zum Trocknen auf den Dachboden gebracht.

Wenn die Blätter trocken waren, wurden sie zerkleinert, meist in Zeitungspapier gewickelt und als Zigarette geraucht. Da meine Mutter sich auch fleißig am Rauchen beteiligte, nehme ich an, dass sie es auch richtig fand, dass der Garten für den Tabak genutzt wurde.

Ich kann mich sogar noch an die Antwort meiner Mutter erinnern, als ich sie einmal fragte. warum wir im Garten nicht auch Kartoffeln und Gemüse pflanzen würden, wie die Anderen. Sie meinte, dass sie weniger Hunger habe, wenn sie rauche und dadurch mehr Essen für uns Kinder da war. Da kann man mal sehen, was den Rauchern alles einfällt, um ihre Sucht zu begründen.

Später wurde dann versucht, unter den Tabakpflanzen auch noch Kartoffeln anzubauen, was natürlich wenig Erfolg brachte.

Jeden Sonntag gab es einen Ausflug auf die Landeskrone. Das ist der höchste Berg in der Umgebung und auch das beliebteste Ausflugsziel.

In Görlitz machte ich auch die erste Bekanntschaft mit dem Bildungssystem der sogenannten zivilisierten Welt. In den unteren Klassen lernt man dort das Schreiben, Lesen und ein wenig Rechnen. Das ist nicht verkehrt, weil es der Verständigung der Menschen untereinander dient.

Was ich jetzt, nach 80 Jahren Erfahrung, von dem in der menschlichen Zwangs-ausbildung Erlernten halte, darauf werde ich später noch ausführlich eingehen.

Irgendwie hatten wir erfahren, dass der Bruder meiner Mutter zusammen mit seiner Frau in Hemmendorf, einem kleinen Dorf in Niedersachsen eine Wohnung oder ein Zimmer hatte. Auch mein Vater war nach seiner Entlassung aus der Gefangenschaft dort mit eingezogen.

Es begann eine lange Beratung, wie es jetzt weitergehen sollte. Meine Mutter wollte unbedingt, dass mein Vater zu uns nach Görlitz kommen sollte, und, der wollte auf keinen Fall in die russische Besatzungszone.

Zum Glück für uns alle taten die Ehefrauen damals noch was ihre Männer wollten, und so wurden Pläne geschmiedet, wie wir über die auch damals schon bewachte Grenze kommen sollten. Ein wichtiger Grund für die Entscheidung war auch, dass ich in der Schule so gut in Russisch war, und die Besatzungsmacht außer Maschinen und Material auch noch nützliche Menschen zum Aufbau des Kommunismus in Russland brauchte. Ich war bereits für eine Sonderschule in Russland vorgesehen, und sollte meiner Mutter enteignet werden.

Die beiden Tanten in Halberstadt wurden wieder mobilisiert. Sie kannten Schleichwege im Harz, wo man nachts noch ziemlich sicher in den Westen kommen konnte.

Wir verließen Görlitz und die Tanten und noch ein zusätzlicher Führer brachte uns auf Schleichwegen über die Grenze. Dort wurden wir von meinem Vater empfangen und die Wiedersehensfreude war groß.

Das erste Erlebnis im Westen, was ich behalten habe, war, dass ich nicht begreifen konnte, dass in Westdeutschland die Schweine richtige Kartoffeln zu fressen bekamen, während wir nur von den Schalen davon gelebt hatten.

Dann ging die Reise weiter zu meinem Onkel in Hemmendorf, der dort auf einem Bauernhof ein Zimmer bewohnte, zusammen mit der Tante und dann auch noch mit meinem Vater, als er zurückgekommen war.

Nun zogen wir auch noch mit Mutti, Oma und Opa und drei Kindern in das Zimmer ein.

Neun Personen in einem Zimmer war natürlich nicht das Paradies im Westen.

Mitten auf dem Hof war auch noch ein großer Misthaufen, und ich kann mich erinnern, dass in dem Zimmer immer ein fürchterlicher Gestank war.

Es war kurz vor der Währungsreform, und Papa hatte dafür gesorgt, dass wir es noch rechtzeitig geschafft hatten, um auch noch die 25 Deutsche Mark Startgeld zu bekommen.

Nun konnte ein Neustart beginnen. Ein Fahrrad mit Hilfsmotor von Ilo und später noch eines mit Rex- Hilfsmotor waren die ersten privaten Fahrzeuge.

Damit fuhren mein Vater und mein Onkel bis nach Hannover auf der Suche nach einer neuen Arbeit.

Alles war wieder am Anfang und musste neu aufgebaut werden. Das neue Geld war der Startschuss für das rasante Wirtschaftswunder in Westdeutschland.

Mein Vater bekam eine Stelle als alleiniger Lehrer in einer Dorfschule in Colnrade, einem Dorf in Niedersachsen.

Wir zogen um, in das große Schulhaus mit Garten und Schweinestall.

Alle waren glücklich, und als erstes wurde ein Ferkel in den vorhandenen Stall einquartiert.

Als es langsam heranwuchs, diente es uns Kindern als Reitpferd, auf dem wir im Schulhof herumreiten konnten.

Das böse Erwachen kam, als das Schwein schlachtreif war. Der Dorfschlachter kam, und das Schwein wurde säuberlich zerteilt und in Gläsern haltbar gemacht. Keiner von uns Kindern wollte auch nur das kleinste Stück Fleisch probieren, das es immer an den Schlachttagen frisch aus dem Kessel gab.

Da der Mensch ein Gewohnheitstier ist, gewöhnten wir uns aber bald daran, dass unser Reitpferd immer nach einem Jahr aufgegessen wurde.

Das Schulhaus war nicht weit von der Dorfkirche entfernt. Dazwischen lag nur noch das Haus von einer alten Frau, bei der wir immer für uns die Eier von ihren Hühnern holten.

Die Oma hatte auch eine Gans. Sie sollte bereits zehn Jahre alt sein, und war für eine schmackhafte Weihnachtsgans wohl schon zu zäh. Deshalb durfte sie weiterleben, und sie war im ganzen Dorf bekannt.

Das Schauspiel, was sie jeden Tag vorführte, war beachtlich.

Von der Kirche aus führte die Dorfstraße ein paar Hundert Meter schnurgerade mit leichtem Gefälle nach unten. Oben, am Anfang der Straße, nahm die Gans mit ausgebreiteten Flügeln Anlauf, und steigerte die Geschwindigkeit immer mehr, bis sie dann wirklich abhob und in einem Meter Höhe über der Straße nach unten segelte. Ein Auto oder sonst etwas hätte ihr natürlich nicht in die Quere kommen dürfen. Das wäre unweigerlich ihr Ende gewesen. Aber Autos gab es damals nur Wenige und die Dorfbewohner hielten immer Ausschau, ob die Gans eventuell im Anflug war.

In Colnrade nahm ich zum ersten Mal mit Bewusstsein war, dass die Schule etwas ganz Wichtiges sein musste, denn meine Mutti bewachte jeden Tag meine Hausaufgaben, und wenn die Schönschrift nicht schön genug war, musste ich alles nochmal schreiben. Ab und an gab es auch einen Klapps hinter die Ohren.

Mein Vater unterrichtete alle Klassen, von der ersten bis zur letzten, gleichzeitig. Das war natürlich ein gewaltiger Stress und so ging er auch des Öfteren in die gegenüberliegende Dorfschänke, um auf andere Gedanken zu kommen, und auch den Kontakt zu den Bauern im Dorf zu pflegen. Dadurch war er auch bald beliebt im Dorf, allerdings weniger bei meiner Mutti, weil sie ihn immer öfter dort abholen musste, wenn er des Guten zu viel genossen hatte, und den Weg über die Straße nach Hause nicht mehr fand. Sie brachte ihn dann immer ins Bett und verschloss die Schlafzimmertür. Manchmal war er aber auch durch das ebenerdige Fenster wieder entwischt, und sie musste ihn erneut aus der Kneipe holen.

Colnrade liegt an einem kleinen Fluss, der Hunte, die damals noch unbegradigt ihren Weg frei durch die Landschaft nahm. Hier verbrachte ich zusammen mit meinem Bruder viel Freizeit beim Angeln.

Wir mussten nur die Dorfstraße hinuntergehen und am Dorfausgang führte eine Brücke über den Fluss. unter der Brücke Schwammen immer sehr große Fische, die man von oben sehen konnte. Die Einheimischen nannten sie Mohnen. Aber so viel wir uns auch bemühten, einen davon zu fangen, indem wir den Köder direkt an ihrem Maul vorbeitreiben ließen, ist es uns nie gelungen jemals einen an den Haken zu bekommen. Unsere Ausbeute bestand meist aus Gründligen, und ab und an war auch mal ein Aal oder ein kleiner Rotbarsch an der Angel.

In Colnrade erblühte auch das zarte Pflänzchen der Liebe zum ersten Mal. Es gab in der gleichen Altersklasse wie ich ein Mädchen, das hatte immer die besten Noten. Sie war die Beste in der Klasse und mein Vater lobte sie bei jeder Gelegenheit. Mein Ehrgeiz erwachte, und ich versuchte noch besser zu sein als sie, und legte mich sogar mit meinem Vater an, dass er sie bevorzugen würde. Es ist schon nicht leicht den eigenen Vater als Lehrer zu haben, aber noch viel schwerer ist es, ihn davon zu überzeugen, dass sein eigener Sohn besser sei als sie.

Dieser Kampf der kindlichen Giganten führte allerdings bald dazu, dass sie sich mehr miteinander beschäftigten, und bald entwickelte sich aus der Hochachtung vor den Leistungen des Anderen, auch ein Zusammengehörigkeitsgefühl, dass in regem geheimen Schriftverkehr auf ausgetauchten Zetteln zum Ausdruck kam.

Körperliche Kontakte oder gar Küssen, waren damals strengstens verboten, und die Eltern überwachten alles, damit wir ja nicht einmal allein in einem Zimmer im Haus waren, weil das als Kuppelei bestraft wurde, und sogar die Entlassung meines Vaters aus dem Schuldienst zur Folge gehabt hätte.

Ich versteckte die Zettel immer an einer geheimen Stelle auf dem Dachboden des Hauses, und ich denke dort werden sie auch heute noch liegen, wenn sie Niemand gefunden hat.

Nach Abschluss der vierten Volksschulklasse musste entschieden werden, wie der Schulbesuch weitergehen sollte. Mit dem Abitur würden mir alle Wege offenstehen.

Das nächste Gymnasium war allerdings in Hannover, zu weit um dort jeden Tag hinzukommen. Mein Vater bemühte sich daher um eine Lehrerstelle in der Nähe und hatte auch Erfolg. Er bekam wieder eine Anstellung als alleiniger Lehrer in Devese bei Hannover.

Mich konnte er allerdings nicht mehr unterrichten, weil ich ab sofort das Humboldt-Gymnasium, das damals noch Humboldt-Schule hieß, in Hannover besuchte, Ich musste jeden Tag zwölf Kilometer mit dem Fahrrad zur Schule und zurückfahren.

Im Vorraum der Schule stand ein altes Klavier, das sicherlich schon Jahre keinen

Benutzer oder Abstimmmeister mehr gesehen hatte, aber noch beachtlich klingende Töne von sich gab. Dieses Gerät hatte es mir angetan, und ich verbrachte jede freie Minute, besonders abends daran. Da das Klavier weit weg von der Wohnung stand, störte ich auch Niemand, und man ließ mich gewähren. Was ich da tat interessierte allerdings weder Vater noch Mutter.

Der Klang der Töne hatte mich gepackt. Ich hatte gesehen, dass Klavierspieler mit der linken Hand andere Töne anschlugen als mit der rechten. So sehr ich mich aber auch bemühte, bei mir spielte die linke Hand immer das gleiche wie die rechte. Ich war am Verzweifeln und glaubte, dass man zum Klavierspielen wohl schizophren sein müsse.

Dann versuchte ich es mit dem Stück „In the Mood", wo die rechte Hand immer drei Tone nacheinander, und die linke die Tonleiter nach oben spielt. Und siehe, da nach einigen Versuchen war der Erfolg da. Ich war stolz wie ein Weltmeister. Nun war der Weg frei für einen Autodidakt Pianisten.

Klavierunterricht hätte mein Vater niemals bezahlt, weil er solche Dinge als brotlose Künste ansah.

Da eine höhere Schule damals noch Geld kostete, und das Gehalt eines Lehrers nicht üppig war, musste ich nach Abschluss der sechsten Klasse in die Staatliche Heimschule nach Bederkesa umziehen, weil ich die Aufnahmeprüfung geschafft hatte. Ich durfte dann nur noch in den Ferien zu meinen Eltern nach Hause. Mein Bruder war zweimal durchgefallen, und durfte zu Hause bleiben.

Die Umstellung fiel mir damals nicht leicht, und ich vermisste die Eltern und die Geschwister doch sehr. Da aber alle in dem Heim das gleiche Los hatten, und manche sogar weinten, kümmerte ich mich auch um sie, und vergaß dabei meinen eigenen Kummer. Hinzu kam, dass wir zu sechst in einem Zimmer schliefen, also keiner allein war. Jedes Zimmer hatte einen älteren Schüler, der sich um die Nachkömmlinge kümmerte, und natürlich gab es auch eine Heimbetreuung.

Das Essen hat mir für mein ganzes Leben den Appetit auf Erbsensuppe verdorben, weil es diese mit absoluter Sicherheit jeden Montag als Mittagessen gab.

Mit dreizehn regte sich langsam der Sexualtrieb, und da Mädchen und Jungen fein säuberlich getrennt wohnten, beschränkte sich das Interesse natürlich auf die Jungen die da waren.

Wir mussten mehrmals in der Woche gemeinsam duschen, und da es keine Kabinen gab, betrachteten sich die Bübchen dabei natürlich gegenseitig. Dabei zog einer die Blicke immer auf sich. Während bei allen Knaben die Schnippelchen schlaff herabhingen, zeigte das Stängelchen bei dem Einem immer steil nach oben. Das weckte natürlich das Interesse, und alle bemühten sich das Bett neben ihm zu bekommen, um zu untersuchen, ob das wohl immer so war.

Und so ergab es sich mit der Zeit, dass Jeder mit Jedem spielte.

Nach meinen Erfahrungen hat das keine Auswirkungen auf die spätere Ausrichtung der Interessen auf das andere Geschlecht gehabt.

Wie das bei Jugendlichen üblich ist, mussten wir natürlich unsere überschüssigen Kräfte auch durch Spielen und Tobten abreagieren. Dabei passierte es eines Tages, dass ich einen Mitschüler auf das Waschbecken in unserem Zimmer schuppste, das Waschbecken abbrach, und das Wasser durch den Raum spritzte. Bis Jemand kam, und das Wasser abstellte, verging eine gewisse Zeit und das Zimmer stand bereits etwas unter Wasser.

Die Folgen, die dieser Vorfall hatte waren so gravierend, dass ich sie bis heute nicht vergessen habe.

Zunächst erschien ein ganzer Trupp von Leuten, die den Schaden begutachteten. Danach wurde der Schuldige gesucht. Ich konnte es nicht abstreiten, dass ich meinen Freund angestoßen hatte. Somit war ich der Bösewicht. Mir wurde eröffnet, dass dieser Vorfall meinen Eltern mitgeteilt werde, und sie für den Schaden aufzukommen hätten.

Ich konnte drei Nächte nicht schlafen, bis mein Vater erschien, um mir klarzumachen, was das für Folgen für die ganze Familie haben würde, wenn man mich von der Schule weist. Ich hätte dann das ganze Leben für Alle zerstört. Außer weinen konnte ich natürlich nichts mehr tun.

Das Ergebnis war aber, dass man mich freiwillig wieder von der Heimschule nahm, und ich wieder zurück in die Humboldt-Schule gehen durfte. Das Schulgeld war inzwischen auch weggefallen.

Es war eine ruhige Zeit, immer verbunden mit der täglichen Fahrt, bei jedem Wetter, mit dem Fahrrad zwölf Kilometer hin, und nach Schulschluss wieder dieselbe Strecke zurück.

Das Abitur habe ich mit Mühe geschafft, ohne aber eine Klasse zweimal zu machen. Vor Allem in der Fremdsprache Französisch kam ich nie über eine Fünf hinaus. Das ging aber vielen so, und so war ich höchst erstaunt, als im Abiturzeugnis plötzlich eine Vier stand, und anderen ging es ebenso. Hier konnte der Lehrer es wohl nicht verantworten, oder wurde auch dazu aufgefordert, seine Anforderungen etwas herabzuschrauben, weil sonst die Hälfte der Approbierten das Abitur nicht geschafft hätte.

Dieser Lebensabschnitt wurde natürlich gebührend gefeiert, und Mancher machte zum ersten Male Bekanntschaft mit dem Alkohol.

Hier ist der Bericht über die Kindheit und Jugend meines Menschenlebens abgeschlossen.

Die weitere Entwicklung dieses Menschenlebens ist von so vielen Zwängen beeinflusst worden, dass ich mich heute nach 80 Jahren mit dem Menschen der danach entstanden ist, nicht mehr identifizieren kann und will.

Ich wechsele daher die Erzählform und werde auch einige Namen und Ortsnamen verändern, damit ich nicht irgendwelche Rechte verletze.

Rückblick

Als Erstes ist klarzustellen, dass kein Mensch, auch nicht Sigmund Freud, das Recht hat zu sagen, ich sei durch die Erlebnisse der Kindheit traumatisiert, geschädigt oder sonst irgendwie für die Zukunft beeinflusst worden. Wer das tut, der stellt mich in die selbe Ecke wie Adolf die Juden.

Es ist in Mode gekommen, dass jeder Mensch, der etwas Außergewöhnliches erlebt hat, traumatisiert sein soll, und einer Betreuung bedarf. Der Mensch ist ein intelligentes Wesen, er kann solche Erlebnisse allein verarbeiten und wird seine Lehren daraus ziehen. Ein Mensch, der in den Krieg geschickt wurde, und dort schlimme Dinge erlebt hat, wird nicht bereit sein ein zweites Mal in den Krieg zu ziehen. Mit den Psychologen und Gutachtern hat sich eine zweite, gefährliche Menschengruppe entwickelt, die genau wie die Richter meinen, sie hätten ein Recht über andere Menschen zu urteilen.

Ich bin ein ebenso vollwertiger Mensch wie alle Psychologen, Gutachter, Sachverständige, und sonstige Personen, die sich befugt fühlen, ein Urteil über andere Menschen abzugeben.

Es ist ein großer Mangel der Menschheit, dass die Gehirne der Menschen nicht alle gleich leistungsfähig sind. So wird die Menschheit leider immer von einigen wenigen Menschen geleitet, die natürlich auch den Gesetzen des Lebens nicht entkommen können, nämlich zunächst dem Selbsterhaltungstrieb zu folgen, und auch dafür zu sorgen, dass ihre eigenen Nachkommen zuerst gefördert werden. Das hat sich seit 3.000 Jahren nicht geändert.

Ich nehme für mich in Anspruch, mich so darzustellen, wie ich mich sehe, und auch die Verantwortung für das zu übernehmen, was ich im weiteren Leben getan habe. Das vorausgeschickt, kann ich nun auf Einzelheiten eingehen.

Ich hätte mir natürlich auch eine bessere Kindheit vorstellen können, ohne Krieg und Flucht und all diese Gräueltaten, die aufgehetzte Menschen vollbringen können. Das sind aber alles Eigenschaften, die solange es Menschen gibt, zum Leben eines Menschen dazugehören. Anderen geht es weltweit noch viel schlechter, je weiter sich die Tötungsmaschinerie des Menschen entwickelt.

Ich habe also keinen Grund zu klagen, und denke lieber an die unzähligen Kinder die heute noch in viel schlimmeren Kriegen überleben müssen.

Das wird sich leider nie ändern, solange sich das menschliche Gehirn nicht weiterentwickelt und dafür gibt es keinerlei Anzeichen.

Durch die Einschulung in das Schulsystem der DDR habe ich schon früh mitbekommen, wozu die Schule in erster Linie da ist.

Jedes Schulsystem ist gesetzlich geregelt und sogar Pflicht für jedes Kind. Damit hat jeder Staat, oder besser gesagt die Oberschicht, die die Gesetze erschaffen hat, sichergestellt, dass alle zukünftigen Staatsbürger schon von Kindesbeinen an, in die Bahnen geleitet werden, die den Regierenden dienlich sind.

In der DDR war das oberste Ziel, die Kinder zu reinrassigen Kommunisten zu erziehen, die bereit waren in Reih und Glied für den Staatsratsvorsitzenden zu marschieren.

In den westlichen, demokratischen Ländern, werden die Kindlein zu echten Demokraten erzogen, die bereit sind alle Gesetze der Demokratie zu achten, und somit auch dafür gesorgt ist, dass die Interessen der Gesetzesmacher gewahrt bleiben.

Leider hat sich die Menschheit durch diese Entmündigung der nächsten Generationen selbst die Möglichkeit genommen, sich von unten her weiter zu entwickeln.

Der Mensch von heute ist durch die globale Vernetzung und die, weltweiten Kommunikationsmöglichkeiten in der Lage seinen eigenen Platz in der Menschheit zu suchen und zu finden.

Diese Möglichkeit hatte ich in meiner Kindheit leider noch nicht, und es bleibt zu hoffen, dass die Reichen und Mächtigen dieser Welt bald erkennen, dass es auch für sie besser ist, wenn sie es zulassen, dass sich eine Menschheit entwickelt, in der Jeder mit Jedem kommunizieren kann, und, da der Mensch ein intelligentes Lebewesen ist, auch erkennen wird, was gut für ihn und das Überleben der Menschheit ist.

Meine Kindheit kann ich leider nicht mehr zurückholen, ich kann nur darauf hinweisen, dass ich mich heute sicherlich gegen alles erwehren würde was mir den Spaß der Kindheit verderben würde.

Erfreulicherweise lassen sich die Kinder der jetzigen Generation nicht mehr so leicht in Formen pressen, und auch die Versuche der Erwachsenen den Umgang mit Computern als schädlich für die kindliche Entwicklung darzustellen, wird von ihnen zum Glück wenig beachtet.

Das wahre Leben

Das staatliche Schulsystem hatte Hans, so werde ich die Person in Zukunft nennen, bescheinigt, dass er jetzt die Reifeprüfung bestanden hatte.

Wofür war er eigentlich reif gemacht worden?

In dem Jahr des Abiturs wurde gerade die neue Bundeswehr gegründet, und einige Klassenkameraden nutzten die Gelegenheit wegen der verlockenden finanziellen Angebote, dort einzusteigen. Waren wir dafür reif gemacht worden?

Da sein Vater nicht genug Geld hatte, ein Studium zu bezahlen, war er verpflichtet sich eine Arbeit zu suchen.

Der Vater war Beamter also sollte der Sohn ebenfalls Beamter werden. Hans selbst hatte sich noch gar keine Gedanken über seine Zukunft gemacht. War er vielleicht noch zu unreif, dass er nicht begriff, dass auf das

Abitur entweder ein Studium oder ein Arbeitsverhältnis folgen musste.

Er hatte sich schließlich entschieden, bei der Bahn, als Beamtenanwärter, anzufangen. Dazu musste er eine medizinische Untersuchung durchlaufen, und man stellte fest, dass er das linke Auge bisher zum Sehen gar nicht benutzt hatte. weil es nicht voll funktionsfähig war. Das war ihm in den 18 Jahren, in denen er Alles bestens gesehen hatte, nicht im Geringsten bewusstgeworden.

Für die Bahn war das aber der Grund, für die Ablehnung seiner Bewerbung.

Beim Finanzamt, wo er eigentlich viel mehr zu lesen hatte, war das jedoch kein Hindernis, und so begann er als Finanzanwärter, vorgesehen für die gehobene Beamten-laufbahn.

Es war das Finanzamt-Mitte in einer niedersächsischen Großstadt.

Er durchlief alle Stellen, die zu einem ordentlichen deutschen Finanzamt gehören. Den richtigen Schliff bekam er aber auf der Finanzschule.

In zwei Lehrgängen mit Unterkunft und Verpflegung wurde ihm, in neun Monaten, beigebracht, mit welchen Gesetzen man den

Bürgern das Geld aus der Tasche ziehen kann, und mit welchen Tricks diese das zu verhindern suchen.

Bei so vielen, jungen, frisch aus der Schule entlassenen Männlein und Weiblein, und der Freiheit, die sie zum ersten Mal in ihrem Leben ohne Aufsicht der Eltern verbringen konnten, gab es natürlich andere Interessen als sich mit den trockenen, Gesetzen zu befassen.

Nach dem Abendessen, begann der Tag erst richtig. Manche erschienen ohne Schlaf in den selben Sachen zum Frühstück oder sogar ohne Frühstück zum Unterricht, die sie am Abend zuvor angezogen hatten.

Es war eine schöne, wilde Zeit, und er erinnerte sich gern daran, weil er auch noch die Prüfung bestanden hatte, und nun als Steuerinspektor eine eigene Dienststelle in einem kleineren Finanzamt in der Umgebung bekam, das vorwiegend bäuerliche Betriebe betreute.

Schon in den ersten Monaten musste er feststellen, dass es gar nichts brachte, wenn er sich mit einem Fall ausgiebig beschäftigt hatte, und der Vorgesetzte dann einfach sagen konnte, das machen wir anders.

Den Grund erfuhr er erst später, als er zusammen mit dem Vorgesetzten über die Dörfer fuhr, und den Dienst vor Ort, den es damals noch gab, erledigte.

Da traf man sich mit den benachrichtigten Bauern jeweils in der Dorfkneipe, und dann ging es zur Sache, aber nicht zur Steuersache, sondern zum Bierchen und Schnäpschen stemmen. Wenn der Herr Amtmann voll war, war Feierabend, und ich fuhr ihn nach Hause und hatte dann auch selbst Dienstschluss. Natürlich konnte er dann seinen Saufkumpanen nicht noch eine dicke Steuernachzahlung aufbrummen.

Jeder war unzufrieden und schimpfte über die vielen Gesetze, das Gehalt und die schlechten Aufstiegsmöglichkeiten.

Das Finanzamt war aber groß genug, sodass fast jeden Tag Jemand Geburtstag hatte, und die Feiern dabei den Dienst wenigstens etwas auflockerten.

Sollte das sein Leben sein, und war er dafür reif gemacht worden.

Immerhin hatte er durch die Ausbildung und die Tätigkeit beim Finanzamt eines gelernt: Die Welt wird viel schöner wenn man sie betrunken erlebt. Der Haken dabei ist nur, dass man danach wieder nüchtern wird und der große Katzenjammer beginnt. Dagegen hilft nur erneut zu trinken und diese Geißel sollte ihn bis zum fünfzigsten Lebensjahr die wichtigsten Jahre seines Lebens rauben.

Wodurch er es geschafft hat, danach doch noch zum Leben zurück zu finden, berichte ich später.

Das Finanzamt beeinflusste sein Leben auch noch in anderen Dingen wesentlich.

Zunächst verliebte er sich in eine Kollegin aus dem mittleren Dienst. Die war allerdings bereits wesentlich weiter in dem Umgang mit der Liebe, und so musste er schmerzlich feststellen, dass die Dame bereits mehrere Verehrer hatte, die sie alle zufriedenstellend bediente.

Als nächstes bewarb sich eine große, schlanke Blondine, die ebenfalls beim Finanzamt arbeitete um seine Gunst, und es stellte sich heraus, dass auch ihr Vater beim selben Finanzamt beschäftigt war, und er fürsorglich für seine Tochter Ausschau hielt nach einem Beamten, was eine versorgte Zukunft versprach.

Hans konnte schon immer schlecht nein sagen, und so brachte sie ihn auch alsbald unter die Haube.

Sie hieß Gerda und ihren Vater nannten alle Gibmich, weil er die Angewohnheit hatte, immer wenn sein Glas leer war etwas nachzufordern, mit dem Spruch: „Gib mich, ich bin Flichtling." Die Familie war aus Ostpreußen vertrieben worden.

Gerda war dem Alkohol auch zugetan, und ihr Vater hatte mit meinem Vater schnell Freundschaft geschlossen auf dieser Grundlage.

So brach für alle eine lustige, alkoholische Zukunft an, in der auch zwei Kinder das Licht der Welt erblickten, ein Junge und ein Mädchen.

Als Finanzbeamter hat man immer viel mit Steuerberatern zu tun, und so ergab es sich, dass Hans eines Tages ein Angebot von einer Sozietät von zwei Beratern bekam, die Fronten zu wechseln, und statt für, nun gegen das Finanzamt zu arbeiten. Die beiden Steuerberater waren auch schon älter, und versprachen die spätere Übernahme der Praxis. Der Eine hatte schon einen

Nachfolger gefunden, und der Ältere suchte noch.

Da das Gehalt stimmte, zögerte Hans nicht lange und war fortan Steuerberater. Eine erneute Prüfung musste er nicht ablegen, da sein Wissen als Steuerinspektor, nach einigen Jahren bei der Finanzverwaltung ausreichte, ohne erneute Prüfung als Steuerberater zugelassen zu werden.

Es wäre wohl alles auch noch viele Jahre so weitergegangen, ein Leben zwischen Arbeit, Alkohol und Urlaub, wenn da nicht etwas Schreckliches passiert wäre.

Eines Morgens ging der Junge, wie immer, die Frühstücksbrötchen holen. Er musste dabei eine belebte Straße überqueren, wo besonders morgens reger Autoverkehr herrschte. Einige hundert Male hatte er das schon getan, und es war nie etwas passiert.

An diesem Morgen aber hörten sie in der Wohnung im ersten Stock plötzlich einen lauten Knall und Hans rannte sofort ans Fenster um zu sehen was passiert war.

Sein Sohn lag vor einem Auto und rührte sich nicht mehr. Er rief sofort den Rettungsdienst an, und folgte dann Gerda, die bereits nach unten gelaufen war. Andere hatten schon erste Hilfe geleistet und der Rettungswagen war auch schnell zur Stelle. Das Kind wurde in das nächste Krankenhaus gebracht, und Hans fuhr mit dem Auto hinterher.

Jonas, so war sein Name erwachte nicht mehr aus dem Koma und war nach zwei Tagen tot. Er wurde acht Jahre alt.

Überfahren wurde er von einer Frau, die in höchster Eile unterwegs war, weil sie schon zu spät zur Arbeit kam. Bremsspuren gab es keine, und sie sagte bei der Polizei aus, der Junge sei ihr unbemerkt ins Auto gelaufen.

Hans bekam später eine Rechnung, mit der Bemerkung von ihr, dass sie nur den Schaden habe reparieren lassen, den sein Sohn an ihrem Fahrzeug verursacht hätte. Sie war ja im Recht, warum sollte sie sich daher weitere Gedanken machen.

Über diesen Tod kam Gerda nie hinweg. Sie gab Hans die Schuld dafür, dass ihr Sohn jetzt tot ist. Nur weil er (Hans) unbedingt Brötchen „fressen" (sie sagte nicht essen) wollte musste Jonas sterben.

Das war immer der Anfang, wenn es nach Feierabend von Hans, unter dem Einfluss von Alkohol, den es fast jeden Abend gab, zum Streit kam. Dieser Streit artete manchmal sogar in üble Schlägereien aus, und mehr als einmal musste Hans eine Ausrede erfinden, wenn ihn die Kollegen fragten, wo er sich denn das blaue Auge geholt hätte. Gerda hatte ein gutes Makeup, mit dem sie am nächsten Morgen auch Hans behandelte.

Danach wechselten sie die Wohnung und zogen in die Stadt, wo Hans jetzt als Steuerberater arbeitete. Dort mieten sie einen ganzen Bungalow mit Garten. Das hatte auch den Vorteil, dass die Nachbarn jetzt nicht mehr am gestörten Familienleben teilhaben konnten.

Leidtragende war natürlich die Tochter Anke, die auch ohne Krieg eine noch schlimmere Kindheit ertragen musste.

Hans kaufte einen Hund, weil auch Anke das wollte. Das brachte etwas Abwechslung in den Wochenablauf, weil nun die Dreipersonen Familie die Sonntage auf dem Hunde-Übungsplatz verbrechte, und auch in der näheren Umgebung an Wettkämpfen mit dem Schäferhund teilnahm.

Natürlich wurde auch dort dem Alkohol fleißig zugesprochen, und man könnte fast die Frage stellen, ob es denn in Deutschland überhaupt keinen Ort mehr gab, wo nicht gesoffen wurde.

Besonders lustig waren immer die Vatertags Wanderungen mit Hund. Vorher wurden an den zahlreichen Rastplätzen die Bierkästen, und auch schärfere Sachen abgestellt, und die Freude war groß, wenn wieder ein Rastplatz erreicht war.

Zur Mittagszeit gab es einen Rastplatz mit Grill, wo Mensch und Tier gestärkt wurden. Bei einigen Menschen führten allerdings die diversen Bierchen und Schnäpschen bereits zu ersten Schwächeerscheinungen. Das erkannte man daran, dass der Mund nicht mehr klar verständliche Worte von sich geben, und die Beine nicht mehr geradeaus laufen konnten.

Auf jedem neuen Rastplatz wurde festgestellt ob noch alle Hundefreunde mit ihren Vierbeinern vorhanden waren.

Beim vorletzten Rastplatz fehlte plötzlich Einer. Es war auch noch Derjenige, der seinen Hund so sehr liebte, dass es nicht übers Herz brachte, bei seinem Vierbeiner zur Erziehung manchmal etwas strenger durchzugreifen. Alle hatten ihn gewarnt, wenn er dem Hund nicht zeigt, wer zwischen

Beiden der Leithund ist, dann wird der Hund das eines Tages ausnutzen, und ihm seinen Rang im Rudel zuteilen.

Ein Trupp ging auf die Suche den Weg zurück. Sie fanden ihn auch bald, auf der Erde liegend, und der Hund stand knurrend und Zähne fletschend vor ihm, und wartete nur darauf, dass er sich bewegte, um ihm dann weiter zu bearbeiten. Er blutete bereits an Armen und Beinen, und es wurde sofort ein Krankenwagen gerufen, der ihn in die nächste Klinik brachte.

Es waren nur leichte Bisswunden und er konnte nach Behandlung das Krankenhaus wieder verlassen.

Seinen Hund hat er später einem Vereinskollegen geschenkt, und freute sich darüber, wie der Hund bei ihm schön bei Fuß lief, und sogar Preise bei Wettbewerben bekam.

Die Arbeit in dem Steuerberatungsbüro gefiel Hans auch einigermaßen, vor allem, weil er auch mit dem Kollegen gut auskam, der den Anteil des anderen Beraters nach seinem Ausscheiden übernehmen sollte,

Er plante nach einigen Jahren sogar ein eigenes Haus zu bauen, und hatte bereits einer Baufirma, einen Mandanten in der Kanzlei, mit dem Bau beauftragt.

Dann kam die Zeit, wo die beiden Senior Steuerberater bereits das siebzigste Lebensjahr erreicht hatten, und Hans und sein Kollege auf die Übernahme der Anteile drängten.

Nun ließen die beiden Alten die Katze aus dem Sack:

Hans und sein Kollege sollten zwar die Anteile an der Firma je zur Hälfte übernehmen, aber von dem jährlichen Gewinn sollten die Ehefrauen, die noch erheblich jünger waren, bis an ihr Lebensende je 30 Prozent bekommen. Das bedeutete, dass Hans und sein Kollege die ganze Arbeit hätten machen müssen, und zum Schluss nur 20 Prozent von ihrem erwirtschafteten Geld bekommen würden.

Es wurde lange verhandelt, aber die Alten gingen davon nicht ab, arbeiteten fleißig weiter, und das konnten sie auch, weil ein Steuerberater bis zum Lebensende Steuerberater bleibt, egal, ob er den Gesetzen noch folgen kann oder nicht.

Hans entschloss sich eine eigene Praxis aufzubauen. Das war natürlich nicht einfach, weil in den Achtziger Jahren das Wirtschaftswunder Deutschland schon voll eingerichtet war, und die bestehenden Betriebe schon ihren Berater hatten, und neue Firmen nicht mehr dazukamen.

So wurde er zum BMW-Steuerberater, wie die neu beginnenden Steuerberater damals genannt wurden.

BMW bedeutet die Mandantenstruktur: B, wie Bäcker, M, wie Metzger, und W, wie Wirte.

Von Letzteren hatte Hans natürlich die meisten, weil er einen großen Teil seines Honorars gleich an Ort und Stelle wieder verzehrte.

Nach 10 wilden Jahren änderte sich das Leben von Hans grundlegend.

Die Saufgelage in den Lokalen, bei denen auch Gerda oft mit dabei war, brachten natürlich auch Gleichgesinnte zusammen, und so blieb es nicht aus, dass Gerda eines Tages die Bekanntschaft eines jungen Mannes machte, der bald Erbe des großen landwirtschaftlichen Gutes seiner Eltern werden würde. Wenn das Lokal schloss wurden die Feiern oft noch im Haus von Hans fortgesetzt.

Eines Morgens stellte Hans fest fest, dass da noch ein zweiter Mann im Bett lag, allerdings neben ihm und Gerda lag auf der anderen Seite.

Das war zu viel für ihn, und da auch Gerda an den jungen Mann wohl Gefallen gefunden hatte, wurde die Scheidung eingereicht, damit die Beiden heiraten konnten.

Anke wäre gern beim Vater geblieben, da Hans aber vorhatte, sich wieder eine Arbeit als angestellter Steuerberater weit weg zu suchen, wäre das ein Hindernis dabei gewesen.

So verließen Mutter und Tochter gemeinsam das Haus und zogen auf den Bauernhof.

Hans blieb allein zurück mit seinem Hund, und es begann das schlimmste Jahr in seinem Leben.

Ein paar Hundert Meter weiter, an der Hauptstraße, gab es ein Haus, wo nachts immer rotes Licht brannte. Dort wurde er zum Stammgast, und nicht selten erleichterten ihn die Damen in einer Nacht um mehr als tausend Mark.

Sein Bankkonto kannte nur eine Richtung, abwärts. Ein Steuerberater ist zwar fast unbegrenzt kreditwürdig, aber wenn sich die

Zahlen einer fünfstelligen Summe nähern, mit einem Minuszeichen davor, dann wird auch der gütigste Bankdirektor langsam nervös.

Zwischendurch flog er auch einmal nach Spanien, wo seien Eltern schon jahrelang ihren Lebensabend verbrachten.

Es grenzt an ein Wunder, und zeugt was ein menschlicher Körper alles vertragen kann, dass der Vater 83 und die Mutter 86 Jahre alt wurden, obwohl sie davon, geschätzt, höchstens zwanzig Jahre nüchtern waren. Allerdings verbrachte der Vater die letzten zehn Jahre im Rollstuhl.

Hans hatte die Eltern nicht davon unterrichtet, dass er kommen würde, weil er sie mit seinem Besuch überraschen wollte. Das war ihm auch voll gelungen. Die Eltern saßen, wie immer auf dem Balkon ihres Apartments, von wo aus sie einen Blick auf das Mittelmeer und die davorliegende Strandstraße hatten.

Da sahen sie ein spanisches Polizeiauto, das direkt vor dem Aufgang zum Haus anhielt, und ihr Sohn Hans begleitet von zwei Beamten ins Haus kam. Der Vater ging ihnen entgegen und empfing sie, als sie aus dem Fahrstuhl ausstiegen.

Da die Beamten erkannten, dass Hans wohl jetzt in behüteten Händen war, zogen sie wieder ab.

Hans war immer noch in Hochstimmung von den Erlebnissen der vergangenen Nacht, und erzählte den Eltern was passiert war.

Er war vom Flughafen mit dem bereitstehenden Bus in das reservierte Hotel gefahren, wo er sich etwas frisch gemacht hatte, um anschließend sofort in das verlockende Casino in Torremolinos zu gehen. Dort verbrachte er die erste Nacht, vorwiegend an der Bar.

Als der Morgen schon dämmerte, wurde er wegen Trunkenheit und Randalierens unauffällig hinausbefördert, und stand dann allein auf der Straße.

Er suchte nach seinem Hotel, und ging er erst nach rechts die Hauptstraße entlang, und als er nach einer Stunde nichts gefunden hatte, machte er kehrt, und ging in die andere Richtung.

Den Namen des Hotels hatte er auch vergessen, sodass er auch Niemanden, der langsam erwachenden Passanten fragen konnte.

Schließlich wurde eine Polizeistreife auf ihn aufmerksam, der er den Sachverhalt erklären musste, und die ihn schließlich zu seinen Eltern brachte.

Das Wiedersehen musste natürlich gefeiert werden, und so und gingen alle in die Heidi-Bar, wo er seinen Nachdurst gleich wieder stillen konnte.

Er blieb zwei Wochen, und die Heidi-Bar, wo sich die Rentner vor allem aus Deutschland immer trafen, verschönerte den Urlaub noch besonders.

Wieder zu Hause angekommen, musste eine Entscheidung getroffen werden. Es war höchste Zeit, sonst wäre er wohl endgültig unter die Räder gekommen, und sein Leben hätte als Obdachloser geendet.

Ein Steuerberater hat die Möglichkeit seine Praxis zu verkaufen. Das bedeutet, dass er Geld dafür bekommt, wenn er seine Mandanten an einen anderen verkauft.

Sein ehemaliger Kollege war bereit ihm so viel zu bezahlen, dass er seine Schulden bei der Bank tilgen konnte.

Nun musste er nur noch eine neue Arbeit finden. Er wollte weit weg von dem Ort, wo sein Leben an einem Tiefpunkt angekommen war.

Er bewarb sich im südlichsten und im nördlichsten Ort Deutschlands.

In Süddeutschland war eine Stelle als Leiter der Buchhaltung einer größeren Fima frei. Dort bekam er eine Absage, weil er als Steuerberater für diese Stelle überqualifiziert sei. Gemeint war sicherlich, dass man befürchtete, der Gehaltsanspruch wäre zu hoch gewesen.

Im Norden war es eine Wirtschaftsprüfungs-Gesellschaft wo er sich beworben hatte, die ihn auch nach dem Vorstellungsgespräch sofort einstellte.

Auf die Frage, weshalb er sich denn gerade bei dieser Firma beworben habe, antwortete Hans, dass man ja wohl irgendwo sein Geld verdienen müsse. Dem Leiter der Gesellschaft hatte wohl imponiert, dass er keine Lobgesänge auf die Firma anstimmte.

Um doch mal einen Ortsnamen zu nennen sei gesagt, dass er in Flensburg gelandet war.

Er kaufte ein kleines Apartment direkt am Jachthafen in Glücksburg, natürlich mit Geld von der Bank, das er auch sofort bekam, als er seinen Gehaltsvertrag vorlegte. Die Arbeit war auch angenehm. Es war noch eine kleinere Gesellschaft mit persönlicher Atmosphäre.

Es wäre vielleicht alles gut gegangen, wenn da nicht direkt am Yachthafen ein Kiosk gewesen wäre, wo immer trinkfeste Männer und Frauen anzutreffen waren, die ihren Bedarf an Alkohol mit Bier und Kurzen zu sich nahmen.

Hans war schnell in ihrem Kreis aufgenommen, weil er gut mithalten konnte.

In den Schulferien kamen auch viele Touristen in diese Gegend, und manche mieteten auch ein Apartment im Haus von Hans.

Als Hans an einem sonnigen Wochenende mal wieder vergnügt am Kiosk seine Bierchen trank, gesellten sich zwei neue Frauen zu der Gruppe, die ebenfalls durstig waren.

Sie kamen ins Gespräch, und es stellte sich heraus, dass es zwei Schwestern aus einer Stadt im Rheinland waren, die hier in einem Apartment Urlaub machten.

Der Alkohol macht`s möglich. Als Hans am nächsten Morgen erwachte, lagen die beiden

Schwestern in seinem Doppelbett und er befand sich auf dem Sofa.

Die Beiden hatten drei Wochen Urlaub, genug Zeit, um sich ausgiebig kennen und lieben zu lernen.

Immer nach Feierabend wurde Hans schon am Kiosk erwartet, und es war eine lustige Zeit.

Die ältere der Schwestern war geschieden, und die jüngere war noch ledig.

Hans hatte bereits 46 Jahre seines Lebens hinter sich, und es wurde nochmals geheiratet. Sie war 47 und die ältere der beiden Schwestern.

Natürlich war es zu verlockend, wenn man direkt am Yachthafen wohnt, und die teuren Yachten jeden Tag vom Balkon aus betrachtet, nicht selbst den Wunsch zu entwickeln auch so ein Prachtstück zu besitzen.

Ein großes Hindernis war der Preis. Selbst für kleinere Exemplare musste man fast so viel hinblättern, wie für das Apartment.

Preiswerter waren die Yachten aus Stahl. So erstand man auch bald eine Solche, und die Seefahrt konnte beginnen.

Hans hatte noch nie in einem Kahn gesessen, und seine neue Frau Marie, kannte die Rheinschiffe nur vom Ufer aus.

Hans war der Meinung so einen Kahn zu segeln sei das einfachste von der Welt, und hatte sich auch bereits theoretisch damit befasst, wie man die Segel setzen muss, damit das Schiff vorwärtskommt.

Das Schiff lag in der Innenförde, und zum Yachthafen von Hans musste es in die Außenförde überführt werden.

Geplant war das Wochenemde. Die ganze Woche war schönstes Sommerwetter mit einer leichten Brise. Gerade am Wochenende frischte der Wind aber auf, was Hans jedoch nicht weiter störte, weil man ja nur in der Förde segelte und bei stärkerem Wind sicherlich noch schneller vorankam.

Sie bestiegen ihr neues Schiff und verabschiedeten sich von dem Vorbesitzer, der ihnen geraten hatte, lieber an einem anderen Tag mit weniger Wind das Schiff zu überführen.

Die erste Strecke fuhren sie mit Motor, und Hans wunderte sich, warum gar keine Segler unterwegs waren, wo doch sonst die Förde immer voller weißer Segel war.

Nun wurden Segel gesetzt. Hans drehte in den Wind und Marie sollte das Großsegel hochziehen. So sehr sie auch an der Leine zog, das Segel kam nicht hoch. Die Plätze wurden getauscht. Marie übernahm das Ruder und Hans zog das Segel hoch. Marie konnte zwar die Stange halten, womit man das Schiff steuert, wohin man das Ding aber drehen musste, wenn man nach rechts oder links wollte, war ihr fremd.

So kam es, dass das Schiff immer in Kreis herumfuhr, als Hans das Segel hochzog, und der Wind den Baum immer hin und her schleuderte. Hans ging wieder ans Ruder und bekam die Sache in den Griff.

Sie segelten tatsächlich mit beachtlicher Geschwindigkeit, auch ohne Vorsegel, was Hans wegen Personalmangel, Marie wollte er nicht mehr beschäftigen, nicht setzen wollte.

Das ging solange gut, bis sie in die Außenförde kamen. Der Wind hatte inzwischen noch mehr zugelegt und bei den Segelkünsten von Hans bekam das Schiff bei jeder Bö bedenkliche Schlagseite, und Marie begann bereites zu schreien und fürchtete um ihr Leben. Auch Hans hatte das Vertrauen in seine Seetüchtigkeit verloren, und so beschloss er kurzerhand zu wenden, und den rettenden Hafen wieder zu erreichen. Das Segel wurde eingeholt und mit Motor sah sie Sache wesentlich freundlicher aus.

An einem ruhigeren Tag gelang die Überführung teils mit Motor und teils unter Segel in den Yachthafen bei seinem Apartment.

Das kleine Stahlschiff nahm sich zwischen den großen, teuren GFK- Seglern aus, wie eine Ente unter Schwänen.

Es konnte nicht ausbleiben, dass auch Hans nach so einem Schwan Ausschau hielt. Er hatte Gefallen gefunden an einer LM 27, einem in Dänemark gebautem Motorsegler, der allerdings neu fast so viel kostete wie ein kleines Haus.

Er hatte im Bug eine Schlafkoje für zwei Personen, einen großen Wohnbereich mit Küchenecke, Toilette mit Waschbecken, und achtern einen Sitzbereich, der mit einer Plane voll überdacht werden konnte.

Als Hans eines Tages eine Anzeige in der Zeitung fand, wo Jemand dieses Schiff für weniger als die Hälfte des Neupreises verkaufen wollte, da konnte er nicht widerstehen.

Da Steuerberater, wie gesagt, fast unbeschränkt kreditwürdig sind, übernahm die örtliche Bank die volle Finanzierung. Jetzt konnte die Seefahrt richtig beginnen.

Die ersten kurzen Segeltouren führten nur an das gegenüberliegende Ufer der Förde, das bereits zu Dänemark gehörte. Dort wurde am Wochenende im Hafen eine Nacht auf dem Schiff geschlafen und am Sonntag ging es zurück nach Deutschland ans andere Ufer, voll beladen mit Schnaps und Zigaretten, die man zollfrei in Dänemark kaufen konnte.

Das steigerte natürlich den Genuss der scharfen Sachen erheblich, und führte dazu, dass Hans und Gerda kein Wochenende mehr nüchtern waren.

Gerda hatte Probleme mit Diabetes, musste täglich spritzen, und durfte eigentlich gar keinen Alkohol trinken.

Das störte sie aber wenig, und so passierte es, als Hans und Gerda am Strand in Dänemark spazieren gingen, dass sie auf einmal nicht mehr neben ihm war. Hans hatte zuerst gar nichts gemerkt, und war eine kurze Strecke allein weitergelaufen, bis er sich einmal umdrehte. Da sah er sie auf dem Boden liegend, und sie rührte sich nicht mehr.

Passanten riefen sofort einen Krankenwagen, und Hans fuhr im Krankenwagen mit ins nächste Krankenhaus. Dort kam Gerda allerdings bald wieder zu Bewusstsein. Sie hatte zu viel Insulin gespritzt und war wegen Unterzuckerung ins Koma gefallen.

In Dänemark hatten sie auch ein Ehepaar aus Hessen kennengelernt, die ihr Segelboot, immer im Urlaub auf dem großen Bootsanhänger bis nach Dänemark transportierten, um dann auf der Ostsee, in der dänischen Südsee, zu segeln.

Hans richtete seinen Urlaub auch so ein, dass sie dann gemeinsame Segeltouren unternehmen konnten.

Es war eine schöne und erlebnisreiche Zeit, die allerdings nach zwei Jahren bereits zu Ende ging.

Es war die Zeit, wo sich die Kapitalgesellschaften durch Fusion oder Übernahme vereinigten, um durch ihre Größe Vorteile im globalen Geschäft zu bekommen. Ziel war es, möglichst unter die Top-Ten weltweit in der Branche zu kommen.

So wurde die kleine WP-Gesellschaft in Flensburg zunächst von einer etwas größeren Gesellschaft in Frankfurt übernommen, und alle Mitarbeiter mussten in das Geschäftshaus dort umziehen.

Natürlich konnte Hans nicht jeden Tag 300 Kilometer zur Arbeit fahren, und so blieb ihm nichts Anderes übrig, als sich eine neue Wohnung am Arbeitsplatz zu suchen. Die Probleme, die er dabei hatte, interessierten Niemand.

Die Wohnung und das Schiff mussten verkauft, in Frankfurt musste eine neue Unterkunft gesucht werden und die inzwischen angeschafften Möbel blieben auf der Strecke.

Zum Glück fand er schnell eine kleine Zweizimmerwohnung in der Nachbarstadt, die er auch kaufen konnte, weil er beim Verkauf der Wohnung und des Schiffes in Glücksburg keinen großen Verlust erlitten hatte.

Die Fusion und Verlegung des Büros brachte aber auch eine wesentliche Veränderung der Arbeitsbedingungen mit sich. Während früher alle Mandanten im näheren Umkreis erreichbar waren, musste Hans jetzt durch ganz Deutschland reisen, um sie zu erreichen. Dadurch war er die ganze Woche nicht zu

Hause, und führte ein Hotelleben. Nur am Wochenende sah er seine neue Frau.

Weil Marie jeden Tag allein war, war sie auch jeden Tag voll, und wenn Hans am Samstag nach Hause kam, lag sie meist betrunken im Bett und war nicht mehr ansprechbar. Das konnte natürlich nicht lange gutgehen, besonders, weil sie ja auch die Probleme mit Diabetes hatte, und die Insulinzufuhr genauestens überwachen musste.

Hans, der sie inzwischen schon etwas liebgewonnen hatte, versuchte alles, um sie von der Alkoholsucht abzubringen. Wenn er eine Flasche fand, wurde der Inhalt sofort entleert. Danach versteckte sie den Schnaps in Töpfen, Blumenvasen, Kaffeekannen und sogar in Plastikflaschen für Wasch- und Geschirrspülmittel, nachdem sie sie vorher gereinigt hatte.

Als Hans eines Samstags, nach langer Autofahrt nach Hause kam, wollte er die Haustür mit seinem Schlüssel öffnen, was aber nicht ging, weil innen auch ein Schlüssel steckte. Er klingelte fünf Minuten, und als sich drinnen immer noch nichts rührte, holte er den Hausmeister, der ihm beim Öffnen der Tür half.

Die Wohnung hatte ein Wohnzimmer am Ende des kurzen Flurs rechts, und ein Schlafzimmer am Ende links.

Sie gingen zuerst ins Schlafzimmer, wo Gerda auch, wie immer, im Bett lag. Diesmal rührte sie sich aber nicht mehr, auch nicht, als Hans sie kräftig schüttelte und ihren Namen rief.

Sie riefen sofort einen Krankenwagen, der sie in das nächste Krankenhaus brachte, und Hans ging davon aus, dass er sie, genau wie in Dänemark, am nächsten Morgen wieder abholen könne.

Am Sonntag war er bereits um acht Uhr im Krankenhaus, wo man ihm bereits am Empfangsschalter eröffnete, dass Marie noch nicht aus dem Koma erwacht sei, und auf der Intensivstation liege.

Er fragte, ob er sie trotzdem sehen könnte, und es wurde ihm gestattet.

Die Krankenschwester, die ihn bis zum Zimmer begleitete, hatte ihm gesagt, Marie könnte ihn trotzdem hören, wenn er mit ihr sprach, obwohl sie dalag wie tot, und nur der

Brustkorb sich beim langsamen atmen etwas anhob.

Als die Schwester gegangen war, und Hans allein bei Marie am Bett saß, ergriff er ihre Hand, und begann tatsächlich mit ihr zu sprechen, was aber nicht Lange gut ging, weil seine Stimme bald von einem leisen Schluchzen abgelöst wurde, begleitet von ein paar Tränen, die aus seinen Augen flossen.

Marie lag noch drei Tage im Koma, und als er am vierten Tag morgens anrief, teilte man ihm mit, dass Marie in der Nacht verstorben sei.

Sie wurde beerdigt in einem anonymen Friedhofsgrab, und es waren nur ein paar Arbeitskollegen von Hans dabei, als der Sarg in der Erde versenkt wurde.

Nun war er also wieder allein. Allerdings hatte er jetzt nicht mehr so viel Zeit seinen Kummer mit seinem besten Freund, dem Alkohol zu teilen, und sich von ihm trösten zu lassen.

An dem Hotelleben hatte er sogar langsam Gefallen gefunden, weil die Kollegen nach der Arbeit meist noch etwas Zeit zusammensaßen, und er somit nicht allein in seiner Wohnung herumdöste, und vielleicht wieder auf dumme Gedanken gekommen wäre.

Hans hatte nicht vor nochmals zu heiraten, vor allem, weil er auch bereits 49 geworden war, und jungen Frauen keinen so alten Knacker suchten, und die Frauen in seinem Alter nur noch über ihre Wehwehchen klagten.

Am Wochenende kaufte er sich manchmal eine Zeitung. Ohne zu suchen fand er eine Anzeige:

„Suche für meine Schwägerin, Thailänderin, einen Ehemann bis 49 Jahre alt."

Zunächst schenkte er dieser Anzeige keine weitere Beachtung, und lass weiter in der Zeitung.

Er konnte es aber nicht verhindern, dass er sich diese Anzeige nochmals vornahm und erste Überlegungen anstellte.

Hier war offenbar ein deutscher Mann bereits mit einer Thailänderin verheiratet, was damals noch eine Seltenheit war. Man hätte also die Möglichkeit den deutschen Mann zu fragen, wie denn seine Erfahrungen waren.

Kurzentschlossen antwortete er auf diese Anzeige und bekam auch eine Antwort mit der Vereinbarung eines Treffens am nächsten Wochenende.

Mit Anzug, weißem Hemd und Krawatte, eigentlich seine Arbeitskleidung, machte er sich auf zu der angegebenen Adresse. Er klingelte und wurde empfangen von einem Mann in seinem Alter, der ihn in ein Zimmer führte, wo bereits fünf Männer warteten. Er betrachtete diese genau und rechnete sich seine Chancen aus. Am Alter konnte es nicht scheitern, denn ein junger Mann war nicht darunter.

Was dann aber kam, brachte ihn aus der Fassung. Es erschien ein circa zwanzigjähriges Mädchen, die sich als Schwester der Mannsuchenden vorstellte. Es musste also die Frau des Fünfzigjährigen sein, der mir die Tür geöffnet hatte.

Hans war kurz davor zu gehen, als der Mann nochmal hereinkam, und Hans dazu brachte die Schwester seiner Frau doch wenigstens mal zu begrüßen. Er hatte wohl erkannt, dass Hans derjenige war, der von den Bewerbern finanziell am besten gestellt war.

So wurde Hans auch vorgezogen, und kam gleich als nächster dran, und die anderen mussten weiter warten.

Sie saß an einem Tisch. Ihre Schwester setzte sich neben sie, und ihr Mann neben mich. Natürlich kann kein Mann in Hans alter widerstehen, wenn ihm so ein junges, schönes Mädchen angeboten wird.

Hans beobachtete mehr, wie sich ihre Schwester zu ihrem alten Mann verhielt. Er gewann den Eindruck, dass sie mit ihrem Mann besser umging, als jedenfalls seine erste Frau in seinem Alter mit ihm.

Es wurden noch ein paar Informationen ausgetauscht, der Mann wollte insbesondere wissen, welchen Beruf Hans hatte, und er bemerkte, wie seine Augen leuchteten, als er sagte, dass er Steuerberater sei.

Der Mann betonte, dass er seine Schwägerin allein entscheiden lassen würde, wen sie auswählt, und Hans bekäme Bescheid.

Hans hatte auch bemerkt, dass sie ihn genau betrachtete und auch ab und zu anlächelte. Ein Wortwechsel war natürlich nicht möglich. weil sie weder deutsch noch englisch konnte, und Hans kein Wort in Thai.

Er fuhr die nächste Woche wieder zur Arbeit, und als er nach einer Woche im Hotel wieder nach Hause kam, lag ein Briefchen im

Kasten, dass er der Glückliche war, den sie erkoren hatte.

Hans war sofort klar, dass hier der Mann seine Hände im Spiel hatte, und später stellte sich auch heraus, dass er noch keinen Steuerberater für sein kleines Geschäft hatte.

Damit seine neue Frau in Deutschland bleiben konnte, musste sofort geheiratet werden, weil sie sonst kein Visum bekommen hätte, und nach Thailand zurückgeschickt worden wäre.

Die Verwandtschaft und die Firma unterrichtete Hans erst danach, und erntete überall blankes Entsetzen, wie er denn so etwas tun könne, so kurz nach dem Tod seiner zweiten Frau, und dann noch mit einem Altersunterschied von dreiundzwanzig Jahren.

Nur Hans Mutter in Spanien freute sich über ihre neue Schwiegertochter, und die Beiden kamen später auch bestens miteinander aus.

Hans glaubte allerdings, dass die Freude eher daher rührte, dass sie nun nicht mehr befürchtete, dass ihr erstgeborener Sohn in der Gosse enden würde.

Es begann jetzt die schönste Zeit für Hans in der neuen, jungen Ehe, die tatsächlich bereits über 30 Jahre Bestand hat, und wohl erst mit dem Tod des Einen enden wird. Wer das sein wird, steht natürlich außer Frage.

Sie konnten nicht miteinander sprechen, konnten nicht dasselbe essen, konnten nicht zusammen Fernsehen und vieles mehr, trotzdem konnten sie sich an den Händen halten, zusammen lachen und schlafen. Hans dachte später noch manchmal zurück an diese Zeit, als Yupin, so war ihr Name, nach ein paar Jahren deutschgelernt hatte, und sich die gleichen Ehestreitigkeiten einstellten, wie bei den beiden Ehen zuvor.

Yupin hatte es geschafft Hans vom Alkohol loszubekommen. Sie hatte ihm die freie Wahl gelassen zwischen ihr oder dem Schnaps. Seine Entscheidung für den Schnaps hätte sie mit Sicherheit akzeptiert, denn es standen ja genug andere Bewerber zur Verfügung.

Mit der jungen Frau neben sich, und dem Alkohol hinter sich erwachte der Tatendrang in Hans.

Es war zwar gemütlich in der kleinen Wohnung, aber da sein Schwager, und damit jetzt auch die Schwester seiner neuen Frau, fünf Häuser von seinem Vater geerbt hatte, konnte natürlich die ältere Schwester nicht in so einem kleinen Loch wohnen.

Hans entdeckte eine Anzeige in der Zeitung, dass eine weitere Nachbarstadt von Frankfurt große Grundstücksflächen zur Bebauung freigegeben hatte.

Die Parzellen konnte Jeder kaufen und zwar noch zu einem Preis, der das noch möglich machte.

Hans erwarb ein Grundstück und beauftragte einen Architekten darauf ein Haus zu bauen. Das Geld gab, sie wissen schon, wie immer die Bank.

Es gab da ein kleines Problem. Das Haus durfte nur zwei Stock hoch sein, und Hans hätte gerne im Dachgeschoss eine dritte Wohnung untergebracht. Der Architekt hatte ihm abgeraten, aber Hans dachte, bei dem regen Baubetrieb der in dem Neubaugebiet anlief, das merkt doch keiner.

Es ging auch alles gut, doch als das Haus fertig war, wurde das Bauamt aktiv und verlangte den Abriss des Dachgeschosses.

Warum das erst jetzt geschah und was das kosten würde interessierte die Leute vom Bauamt nicht die Bohne. Sie hatten das Gesetz auf ihrer Seite. Hans hatte auch nicht genug Geld, um hier, wie allgemein bekannt, eine menschliche Lösung zu finden.

So musste er einen jahrelangen Gerichtsprozess in Kauf nehmen und gewann schließlich, weil sein Architekt gute Kontakte zu einem Anwalt, und der, wiederum gute Kontakte zu einem Richter hatte.

Nun war Hans also stolzer Eigentümer eines Dreifamilienhauses.

Zwei Wohnungen konnte er vermieten, und von der Miete die Raten an die Bank bezahlen, sodass er selbst umsonst wohnte.

Aber dessen nicht genug. Nach zwei Jahren durfte, man nach den damaligen Steuergesetzen, sein Haus wiederverkaufen, ohne den Gewinn zu versteuern.

Die Preise waren für die Grundstücke so rasant gestiegen, dass Hans nicht wiederstehen konnte zu verkaufen. Er verdiente dabei so viel, dass er dafür drei Jahre hätte arbeiten müssen.

Er versuchte das Geschäft gleich noch einmal.

Da er selbst nur ein Grundstück kaufen durfte, schaltete er seinen dritten Schwager ein, einen Postbeamten in seinem Alter, der die dritte Tochter der fleißigen

Schwiegermutter in Thailand zur Frau bekommen hatte.

Er baute zusammen mit ihm ein Reihenhaus, wo er unten und der Schwager oben wohnte.

Es war geplant das Haus bis zur Pensionierung zu behalten, und dann, von dem Gewinn ein Haus für Jeden, in einer schöneren Gegend auf dem Land zu bauen, um dort den Lebensabend zu verbringen.

Die fleißige Schwiegermutter in Thailand hatte noch drei weitere Töchter geboren, die nach und nach auch einen deutschen Phalang, so ist die Bezeichnung für einen Europäer in Thailand, bekamen. Bei der Auswahl der letzten Ehemänner war Hans sogar noch behilflich.

Nebenbei musste er natürlich auch noch seinen beruflichen Verpflichtungen nachkommen. Es war eine anstrengende aber auch unterhaltsame Zeit.

Wenn sich die sechs Schwestern am Wochenende trafen, um gemeinsam zu kochen und zu essen, kamen gleichzeitig auch immer sechs deutsche Ehemänner zusammen, und es war gleich eine kleine Gesellschaft entstanden. Wenn die Frauen noch eine Freundin mitbrachten wurde sogar eine große

Gesellschaft daraus. So waren die Wochenenden immer ausgefüllt und lustig.

Der Jahresurlaub kannte fortan nur noch eine Richtung, gen Osten. In Thailand verbrachte man dann eine gemeinsame schöne Zeit, in einem Hotel in den Urlaubshochburgen. Eine gemeinsame Zeit zusammen mit der thailändischen Familie auf dem Dorf durfte aber nie fehlen.

Hans hatte von dem Geld, dass er beim Verkauf des ersten Hauses übrighatte, in Thailand eine Villa gebaut. Der Ort lag am Strand zwischen Bangkok und dem bekannten Urlaubsort Pattaya.

Hier verbrachten die Thais ihre Wochenenden unter einem Dach von Sonnenschirmen direkt am Strand.

Touristen gab es hier kaum und an Wochentagen gehörte der Strand den Einheimischen allein.

Yupin hatte einen Sohn in Thailand, der zunächst nicht erwähnt wurde, um die Heiratsaussichten nicht zu schmälern. Hans wurde aber noch vor der Hochzeit aufgeklärt und war selbstverständlich einverstanden, ihn nach Deutschland zu seiner Mutter zu holen.

Alle Einreisepapiere wurden fertiggemacht und beim nächsten Urlaub trat der Kleine seine erste große Reise an, nach Deutschland. Er war zwei Jahre alt und sprach noch kein Wort Thai, weil er meistens auf sich allein gestellt war.

Die Kinder, werden in Thailand bei der Oma auf dem Land abgegeben, und die Eltern suchen sich Arbeit in Bangkok oder anderen Orten in den Industriegebieten.

Auf dem Land haben die Kinder alle Freiheiten dieser Welt. Am Abend, werden sie verdreckt von Spielen eingesammelt, gewaschen und dann auf die Familie verteilt, wo sie hingehören.

Natürlich haben auch die Großeltern auf dem Land genug zu tun, sodass es keinen stört, wenn einer von den Kindern keine Lust hat zu sprechen.

Als Ben, so war sein thailändischer Kurzname, in Deutschland ankam, verstand er die Welt wohl gar nicht mehr. Er hatte gerade angefangen die ersten thailändischen Laute von sich zu geben, als er hier wieder ganz andere Töne hörte. Kurzerhand entschloss er sich zunächst nichts mehr zu sagen, und so blieb er auch das erste Jahr in Deutschland stumm.

Als Hans und Yupin mit Ben, der inzwischen deutsch sprechen gelernt hatte, mal wieder Urlaub in Thailand machten, telefonierte Yupin des Öfteren mit einem Mann, und Hans konnte natürlich nichts verstehen.

Da kam Ben, zu ihm, und sprudelte heraus: „Papa (Das sagte er inzwischen zu Hans) die Mama hat mit meinem Thai-Vater telefoniert." Da Yupin das abstritt, und Hans kein Risiko eingehen wollte, sie wieder zu verlieren, machte er kurzen Prozess, und nach neun Monaten gebahr sie eine Tochter von ihm.

Er wollte eigentlich keine Kinder mehr haben, und im Nachhinein war es völlig absurd zu denken, dass sie wieder zu ihrem Ehemaligen zurückgegangen wäre.

Verheiratet waren sie sowieso nicht, und er hatte längst eine andere, wie das in Thailand an der Tagesordnung ist, dass der Thai Mann ein Kind zeugt, und dann Ausschau nach der Nächsten hält.

Hans hat es jedoch nicht bereut, denn es kam ein hübsches Mädchen zur Welt mit den besonderen Reizen einer Grin-Phalang, so heißen die Kinder von Europäern und Thais.

Die Zeit verging, und der Countdown für den langersehnten Ruhestand begann.

Es gab damals, für kurze Zeit, die Möglichkeit, schon mit 59 Jahren aus dem Erwerbsleben auszusteigen. Hans hatte in den letzten drei Jahren bereits das verbliebene bisschen Spaß an der Arbeit auch noch verloren.

Die Prüfungsmethoden der Wirtschaftsprüfer wurden immer mehr schematisiert, und man füllte praktisch nur noch Formulare aus.

Hans hatte versucht durch sanfte Schlechterfüllung, immer im Rahnen des gesetzlich Möglichen, die inzwischen zu den Top-Ten gehörende Wirtschaftsprüfungsgesellschaft dazu zu bringen, ihm wegen Unfähigkeit zu entlassen.

Das gelang aber nicht, weil die Firma dann, bei einer Betriebszugehörigkeit von zehn Jahren, eine erhebliche gesetzliche Abfindung hätte zahlen müssen.

So musste er seinen 59-ten Geburtstag abwarten, und pünktlich zum Ersten des folgenden Monas war er ein freier Mann.

Vorher hatten er und sein Schwager ihren Plan noch wahrgemacht, das Reihenhaus verkauft, und für jeden ein herrlich gelegenes, geräumiges Haus in einer hügeligen Naturlandschaft in der Nähe von Grünberg in Hessen zu errichtet.

Wie es aber so ist, stirbt bei den Thais im Ausland nicht die Liebe und die Sehnsucht zu ihrem Land, mit all seinen Sitten und Gebräuchen, die sich doch gewaltig von den Lebensgewohnheiten in Europa unterscheiden. Hans hatte irgendwo gelesen, dass die Thais die höchste Rückkehrrate von allen Einwanderern hätten.

In den Urlauben hatte aber auch er bereits Gefallen gefunden an den Besonderheiten dieses Landes.

Es gab Traumstrände, ein Klima, wo immer Badewetter war, und auch die Preise waren damals für einen Deutschen noch so, dass er für seine Rente mindestens das Doppelte kaufen konnte.

Das schöne große Haus in Grünberg musste nun auch wieder dran glauben. Ein Überseecontainer fuhr vor, und alles was nicht niet-und nagelfest war, wurde darin verstaut.

Die Koffer waren gepackt, und ab ging die Reise in die für Hans neue und Yupin alte Heimat.

Ben hatte inzwischen die Schule in Deutschland begonnen, und so war er bei der Schwester in Frankfurt zurückgeblieben, weil man der Meinung war, in Deutschland hätte er bessere Aussichten als in Thailand.

Hier endet die kurze Wiedergabe der wichtigsten Ereignisse des zwar längsten, aber für Hans, nachträglich gesehen, unerfreulichsten Abschnitt seines Lebens.

Rückblick

Hier wurde der Verlauf von vierzig Jahren des Lebens eines ganz normalen Menschen, dem sogenannten kleinen Mann, wiedergegeben, wie er sich in dieser Zeit millionenfach, in den Industrienationen auf der Erde, mit geringen Unterschieden, wiederholt hat.

Nach achtzig Jahren rückblickend auf mein Leben, bin ich zu dem Ergebnis gekommen, dass dies die schlimmsten Jahre in meinem Leben waren.

Ich wurde von Menschen ausgebeutet, unterdrückt, befehligt, verfolgt, verurteilt meiner Freiheit beraubt und hätte mich sogar erschießen lassen müssen.

Der Mensch braucht zum Überleben zumindest etwas zu essen, oder frei nach Brecht, zu fressen, etwas Kleidung und eine Unterkunft. Weil er diese Dinge nicht ohne

Geld bekommen kann, ist er gezwungen, sich dieses zu beschaffen.

Holt er es sich das dort, wo es in Massen lagert, bei der Bank, wird er verfolgt, verurteilt und seiner Freiheit beraubt.

Der vorgeschriebene Weg an Geld zu kommen, ist zu arbeiten und sich den dort gesetzlich festgeschriebenen Regeln zu unterwerfen. Ihm wird vorgeschrieben, wann er morgens aufstehen muss, wann er zur Arbeit erscheinen muss, wann und wie lange er essen darf, in welcher Zeit er eine Arbeit schaffen muss, wie lange er auf der Toilette sitzen darf und vieles mehr.

Mit der Wiedereinführung der allgemeinen Wehrpflicht wurden auch Gesetze geschaffen, nach denen man mich hätte zwingen können, im Dreck herumzukriechen, um für einen eventuellen Kriegseinsatz vorbereitet zu sein, und wenn die Regierung beschlossen hätte, sich an einem neuen Krieg zu beteiligen, dann hätte ich meine Sachen packen müssen, um mich irgendwo auf der Welt erschießen zu lassen.

Weil ich auch eine Frau haben wollte, war ich gezwungen eine bis ins kleinste gesetzlich geregelte Ehe abzuschließen, weil ich sonst die vom Staat gewährten Vorteile nicht bekommen hätte. Die Gleichstellung mit unverheirateten Paaren gab es damals noch nicht. Nur die Ehe genoss den Schutz des Staates.

Ich wurde gezwungen von meinem sauer verdienten Geld noch die Hälfte abzugeben, dass andere Menschen dann ausgeben konnten, angeblich um mein Leben schöner und sicherer zu machen. Freiwillig hätte ich das nie getan, weil ich jeden Tag aufs Neue sehe, was die Politiker mit dem Geld machen.

Es ist der blanke Hohn, wenn man dann das deutsche Grundgesetz aufschlägt und dort liest: „Die Würde des Menschen ist unantastbar. Sie zu achten und zu schützen ist Verpflichtung aller staatlichen Gewalt."

Ich habe das alles über mich ergehen lassen und keinen Wiederstand geleistet. Das ist mein schlimmstes Vergehen.

So eine Anklage bedarf natürlich einer ausführlichen Begründung, die ich nachfolgend liefern werde.

Zunächst ist festzustellen, dass es allein in Deutschland über fünftausend Gesetze und Verordnungen gibt, an die sich jeder Mensch, der in Deutschland geboren wurde, halten muss.

Diese Gesetze wurden von Menschen erdacht und als Gesetz verkündet, (sogenannte Legislative). Damit auch jeder die Gesetze befolgt, sind andere Menschen bereit, die Ausführung der Gesetze zu übernehmen, (sogenannte Legislative). Damit das alles auch ordnungsgemäß ablaufen soll, haben sich weitere Menschen gefunden, dieses System zu überwachen und aufrecht zu erhalten, (die sogenannte Judikative).

Diese kleine Menschengruppe bildet die sogenannte Staatsgewalt, und behauptet dann auch noch, dass sie von Volk den Auftrag bekommen haben, über andere Menschen zu bestimmen, Gewalt gegen sie auszuüben und über sie zu richten.

Das trifft zumindest für die zwei letzten Gruppen schon mal gar nicht zu. Keiner von den Polizisten oder Richtern wurde vom Volk gewählt.

Die Legislative wird zwar vom Volk gewählt, aber in Diktaturen sind das nur Scheinwahlen, und in Demokratien ist die Opposition, das können bis zu 49% der Menschen sein, von der Gesetzgebung ausgeschlossen.

Schaut man sich diese sogenannte Gewaltenteilung, die im achtzehnten Jahrhundert von Locke und Montesquieu ersonnen wurde, einmal genauer an, so kann man nur zu dem Ergebnis kommen, dass damit genau das Gegenteil erreicht wurde.

Die drei Gewalten waren immer so eng miteinander verflochten, dass von einer Gewaltenteilung keine Rede sein kann.

Besonders deutlich wurde das im sogenannten dritten Reich, wo die Executive und die Judikative zu hörigen Vasallen des Führers wurden.

Aber auch in unserer, so hochgepriesenen Demokratie müssen die Gesetzesmacher, die ja eigentlich nur Gesetze zur Freude der Menschen machen sollten, von der Executive, sprich Tausenden von Polizisten, und der Judikative, sprich Richtern, geschützt werden, wenn sie sich mal unter die Menschen begeben, für die sie die Gesetze gemacht haben.

Mit den Richtern hat man den Bock zum Gärtner gemacht. Juristen erschaffen die Gesetze, und Juristen entscheiden darüber, wie sie angewendet werden sollen.

Gegen diese Menschen richtet sich die Anklage.

Kein Mensch hat das Recht, anderen Menschen etwas vorzuschreiben, sie in der Freiheit ihres Handels zu beschränken, oder über einen anderen Menschen zu richten.

Das ist aber anscheinend nur meine alleinige Vorstellung von der Würde des Menschen, denn Milliarden von Betroffenen finden sich damit ab, dass ihr Lebensweg von anderen bestimmt wird.

Ein guter Freund hat einmal zu mir gesagt: "Das Volk ist dumm, es bleibt dumm, und das wird immer so bleiben." Ich habe ihm geantwortet: „Ja, das stimmt, aber es wird nicht immer so bleiben."

Warum lässt sich die große Masse der Menschen freiwillig und widerstandslos (bis auf wenige Ausnahmen) von anderen Menschen leiten?

Die Erklärung dafür sehe ich in der Evolution.

Es hat sich herausgestellt, dass die Lebensformen einen Vorteil hatten, die sich zu Gruppen zusammenschlossen. Das brachte einen Vorteil bei der Nahrungsbeschaffung, und bot besseren Schutz gegen Feinde.

Die Gruppe konnte aber nur funktionieren, wenn sie einen Anführer hatte, der den Befehl zum Handeln gab, und andere dem Befehl folgten.

Obwohl diese Überlebensstrategie in der Neuzeit des Homo Sapiens längst nicht mehr erforderlich, ja sogar das größte Hindernis darstellt, bei der Weiterentwicklung der Menschheit, ist diese Bereitschaft zur Unterordnung des Individuums in jedem Menschen noch so bestimmend, dass es dominante Menschentypen leicht haben, die große Mehrzahl der Menschen zu manipulieren und zu befehligen.

Wenn sich die Menschheit nicht von unten her weiterentwickelt, und die Milliarden kleiner Leute die wenigen Tausend Menschen zum Teufel jagt, die heute als Politiker, Religionsführer oder Wirtschaftsbosse die Geschicke der Menschheit bestimmen, dann wird es auf der Erde weitergehen, wie seit Tausenden von Jahre, mit Kriegen, Hungersnöten, Unterdrückung, Armut, und Diskriminierung, bis sich die Menschheit eines Tages selbst vernichtet.

Die Mittel dafür stehen bereit, und bei der Macht, die heute einzelne Menschen haben, sollte es nicht mehr lange dauern, bis Einer, dessen Leben sowieso aus Alters- oder Krankheitsgründen zu Ende geht, auf den Knopf drückt, und die Welt in die Luft sprengt.

Was sich in den achtzig Jahren in der technischen Weiterentwicklung getan hat, ist atemberaubend.

Während einer Generation wurde aus der einseitigen Information durch den Volksempfänger die weltweite Kommunikation von Menschen untereinander über das Internet.

Das globale Transportsystem hat es ermöglicht, dass Waren und Güter auf der ganzen Welt gekauft und verkauft werden können.

Die schnellen Fluggeräte machen es möglich, dass man heute hier und am nächsten Tag auf der anderen Seite der Erde sein kann.

Der Mensch hat es sogar geschafft die Erde zu verlassen, und einen Fuß auf einen anderen Himmelskörper zu setzen. Das hat aber nichts daran geändert, dass die

Menschenwürde auf der Erde weiter mit Füßen getreten wird.

Durch die Entwicklung der Atombombe, könnte ein Mensch heute auf einen Schlag das gesamte Leben auf der Erde auslöschen. Das sehe ich allerdings nicht als Fortschritt, sondern als Rückschritt der Menschheit an.

Es war mir ein dringendes Bedürfnis dieses Buch noch zu schreiben, bevor mein Leben für immer auf diesem wunderbaren Planeten zu Ende ist, zum einen um den vielen Millionen Menschen, die als sogenannte kleinen Leute noch viel unwürdigere Zustände ertragen mussten als ich, ein Andenken zu setzen, und zum zweiten meine Mitschuld am augenblicklichen Zustand der Welt, mit Millionen Hungernden, Flüchtlingen, und Kriegen weltweit, einzugestehen.

Es bleibt die Hoffnung, dass ich durch das Buch vielleicht nachfolgende Generationen von Menschen zum Nachdenken angeregt habe, und jeder Einzelne sich gegen alles erwehrt, was seine Menschenwürde angreift.

Der Ruhestand

Mit Eintritt in den sogenannten Ruhestand, der bei mir allerdings die bewegteste Zeit meines Lebens war, konnte ich mein Leben wieder weitgehend selbst bestimmen. Leider habe ich das erst zehn Jahre zu spät gemerkt, weil man das in 65 Jahren anerzogene Menschenbild, nicht von heute auf morgen ablegen kann. Vier Jahre davon hat mir auch der deutsche Rechtsstaat genommen, durch ein vier Jahre andauerndes Gerichtsverfahren wegen einer Lappalie. Aber dazu später.

Ich wechsele daher erneut die Erzählform, und berichte nun wieder von meinem selbst bestimmten Leben.

Der unvergessene Udo Jürgens hat einen Song geschrieben: „Mit 65 Jahren, da fängt das Leben an, mit 65 Jahren, da hat man Spaß daran." Damit hat er den Nagel fast, aber nur fast, auf den Kopf getroffen.

Es ist unbestritten, dass das Leben eines Menschen mit der Geburt beginnt. Wenn man allerdings die 25 Jahre nicht mitrechnet, wo der Mensch auf die Erbringung des Bruttosozialprodukts vorbereitet, und die 40 Jahre wo er zur Erbringung des Bruttosozialprodukts missbraucht wird, dann beginnt ein menschenwürdiges Leben tatsächlich erst mit 65 Jahren.

Für mich begann das neue Leben zunächst in der Villa in Thailand, die in einem kleinen Wäldchen an einer Nebenstraße lag.

Diese Hauptstraße verlief parallel zum Strand und war circa 300 Meter davon entfernt.

Davor gab es noch eine Straße, die direkt an Strand entlangführte.

An Wochentagen war es eine sehr ruhige Gegend mit einem fast menschenleeren Strand, da sich kaum Touristen hierher verirrten.

Das war sicherlich auch so gewollt, weil am Wochenende die Einwohner von Bangkok, wie ein Heuschreckenschwarm einfiel, um die Tausende von Liegestühlen unter dem endlosen Dach von Sonnenschirmen in Beschlag nehmen.

Es herrschte immer überall reges Treiben. Allein sieben große Kaufhäuser und unzählige Märkte in der Umgebung sorgten für ein ungetrübtes Einkaufs-vergnügen.

Die Wohnungseinrichtung aus Deutschland war unversehrt in dem Container angekommen, und erregte bei den Einheimischen manchmal etwas erstaunen, was für unpraktische Möbel die Phalang benutzten, zum Beispiel dick gepolsterte Sitzmöbel, die die Hitze in Thailand beim darauf sitzen noch verstärkte.

Im Nachhinein würde ich auch keine Möbel mehr nach Thailand mitnehmen, weil die Fracht, die Zollgebühren und der Ärger bei der Einfuhr letztendlich teurer war, als in Thailand alles neu zu kaufen.

Die erste größere Anschaffung war natürlich ein Auto. Es war ein, wie in Thailand üblich, sogenanntes Pickup, mit einer Doppelkabine vorn, und hinten einer großen Ladefläche, die mit vorgefertigten Aufsetzdächern zu einem weiteren Raum für Mitfahrer abgeschlossen werden konnte.

Auf diese Weise konnten bequem bis zu zehn Leute befördert werden. Ich habe sogar schon bis zu zwanzig Leute gezählt, die in einem solchen Gefährt untergebracht waren.

Das Leben in dem neuen Haus nahm langsam einen geregelten Tagesablauf an.

Ich konnte, und wollte wohl auch nicht, die Essgewohnheiten der Thais annehmen. So war immer ein Vorrat von sogar deutschem Vollkornbrot und deutscher Wurst, auch in Dosen, die ein deutscher Schlachter in Pattaya herstellte und verkaufte, vorhanden.

Das thailändische Essen war, besonders in der Gegend wo Yupin herkam, so scharf, dass es zweimal brannte, einmal beim Verzehr, und das zweite Mal, wenn es den Darm wieder verließ. Einige der Schwager hatten es geschafft, mit ihren Frauen zusammen zu essen.

Ich hatte es aufgegeben, nachdem mir zweimal bei einer Probe die Luft wegblieb, und ich bereits mein letztes Stündchen gekommen sah.

Ab und zu kam Besuch aus dem Dorf und in der Urlaubszeit traf man sich auch mit den anderen Schwagern, die noch in der Arbeitswelt gefangen waren. Die waren zwar noch jünger, aber trotzdem hätte ich nicht mehr mit ihnen getauscht, auch wenn dabei einige Jahre längeres Leben herausgekommen wären.

Tun, wie die süße kleine Tochter genannt wurde, war drei Jahre alt geworden, und konnte nun am thailändischen Schulsystem teilhaben. Die kleinen Mädchen werden bei jeder Gelegenheit herausgeputzt und sehen dann aus wie kleine Puppen.

Ich wollte die Gelegenheit nutzen und gleichzeitig mit ihr Thai lernen. Das Ergebnis war, dass sie nach drei Monaten perfekt Thai sprechen, und ich nicht mehr mit ihr reden konnte.

Jeden Tag kam ein Kleinbus vorbei und holte sie am Haus ab, und brachte sie nachmittags wieder zurück. Das kostete etwas Geld, aber bei dem Wechselkurs damals, war das Kleingeld für mich.

Ich freute mich, dass alles so gut angelaufen war und richtete mich auf eine ruhige Zeit ein, mit gelegentlichen Ausflugsfahrten zu den Sehenswürdigkeiten des Landes und zur Familie auf dem Dorf, wo ich mich besonders verliebt hatte in die morgendlichen Spaziergänge, noch vor Sonnenaufgang durch die endlosen Reisfelder in der Stille der Natur.

Da kam eine Hiobsbotschaft aus Deutschland. Mein lieber Sohn Ben hatte die Gelegenheit genutzt, dass sich Onkel und Tante wenig um ihn kümmerten, um nächtelang an Spielkonsolen, Computern und sonstigen Geräten zu spielen, und den Schlaf in die Unterrichtszeit in der Schule zu verlegen. Das Ergebnis war, dass er eine Klasse zweimal machen durfte. Für mich war das kein Grund zur Panik, aber die Thais, die so viel gehört hatten, was man auch in Thailand verdienen kann, wenn man eine Schule im Ausland besucht hatte, brach eine Welt zusammen, und besonders seine Mutter bestand darauf, nochmals nach Deutschland zurückzukehren, für ein bis zwei Jahre, wie es hieß, um Ben wieder auf den richtigen Weg zu bringen.

Aus den ein bis zwei Jahren wurden dann zehn Jahre, bis Ben die Schule beendet und er eine Lehre begonnen hatte.

Es muss die Hölle für das Kind gewesen sein, als ich ihm zunächst alle Spielsachen, Computer usw. abgenommen hatte, und täglich neben ihm saß und seine Hausaufgaben überwachte. Der arme Kerl ließ alles über sich ergehen, nur ab und an vergoss er ein paar Tränen, wenn ich ihn zu sehr herangenommen hatte. Von seiner Mutter bekam er nicht die geringste

Unterstützung, weil auch sie das große Geld witterte, wenn er in Deutschland bleiben und hier arbeiten konnte.

Yupin selbst hatte mit Hilfe ihrer Schwestern und deren Männern auch Arbeit bekommen, und bei dem Lohn, umgerechnet in Thai Baht, gab es keine Chance mehr für eine Rückkehr, weil sie in Thailand höchstens ein Fünftel davon verdient hätte. Was macht ein Rentner, wenn er den ganzen Tag in Deutschland allein in einer Wohnung sitzt, weil die Kinder in der Schule sind und die Frau auf Arbeit ist? Er macht Geld!

Ich erinnerte mich an die guten Geschäfte mit den Häusern, und beschloss es erneut damit zu versuchen. Wir hatten bei unserer Rückkehr eine Wohnung in einem Hochhaus gekauft. Diese wieder zu verkaufen dürfte nicht schwer sein.

Ich las in der Zeitung die Anzeige einer Maklerin, die ein Dreifamilienhaus, allerdings nicht mehr im besten Zustand, zu einem überaus günstigen Preis anbot. Ich sah mir das Haus an, es lag sogar in einem guten Wohngebiet, und zögerte nicht lange. Meine alte Bank von früher wurde eingeweiht, und da ich immer noch Steuerberater war, sie auch früher keinen Ärger mit mir hatte, und auch die Schätzung der Bank zum Kaufpreis passte, bekam ich alles was ich haben wollte.

Die Wohnung im Hochhaus wurde sogar mit einem kleinen Gewinn verkauft, und wir zogen um, in die Erdgeschoß-wohnung unseres neuen Hauses, nicht weit davon.

Die beiden oberen Wohnungen wurden vermietet und von der Miete die Raten an die Bank bezahlt. So hatte ich es zum zweiten Mal geschafft, dass ich fast umsonst wohnte.

In der Siedlung standen meistens kleine Einfamilienhäuser auf einem großen Grundstück, die nach dem Krieg, in den sechziger Jahren erbaut worden waren.

Nach und nach wurden die Häuschen abgerissen und stattdessen ein Neubau mit bis zu sechs Wohneinheiten errichtet.

Ich erkannte sofort, dass hier viel Geld zu machen war. Die Wohnungen in den Neubauten wurden umgewandelt zu Eigentumswohnungen und dann einzeln verkauft. Ich erkundigte mich nach den Preisen für so eine Wohnung und konnte dabei feststellen, dass die Eigentümer der ehemaligen kleinen Häuschen, danach alle zu Millionären geworden waren.

Ich überlegte, ob ich mich mit meinem neu erworbenen Haus nicht auch an dem Geschäft beteiligen könnte. Das Grundstück war groß genug, dass man dort noch etwas hätte bauen können.

Mir fiel der Architekt wieder ein, der bereits mein erstes Haus in derselben Gemeinde gebaut hatte.

Ich traute meinen Ohren nicht, als er mir telefonisch mitteilte, dass das Bauamt einen Anbau von drei weiteren Wohnungen genehmigen würde. Danach könnte ich alle sechs Wohnungen zu Eigentumswohnungen umwandeln und einzeln verkaufen, mit einem sagenhaften Gewinn.

Es war natürlich ein Millionenprojekt, zunächst diesen Anbau zu finanzieren, und selbst meine liebe, gute Sparkasse durfte einem kleinen Rentner solche Summen nicht leihen.

Wozu hat man sechs Schwager! Einer wurde direkt mit ins Boot geholt, und der Schwager mit den fünf Häusern bürgte zusätzlich, und schon war die Million abrufbereit.

Als der Anbau mit drei 4-Zimmer-wohnungen fertig war ging ich zum Notar, der den Teilungsplan besiegelte und die Wohnungen konnten verkauft werden.

Nach dem Verkauf teilte ich mir mit dem zweiten Schwager den Gewinn, und wir hatten einiges mehr auf der Bank.

Eine der Neubauwohnungen hatte ich selbst übernommen, und so wohnten wir jetzt komfortabel in einer großen Wohnung für einen geringen Abtrag bei der Bank.

Wenn man mich nicht gezwungen hätte 13 Jahre lang zur Schule zu gehen, und danach 40 Jahre zu arbeiten, dann hätte ich schon mit sechs Jahren anfangen können zu beobachten, wie manche Menschen an Geld kommen, und ich hätte mit Sicherheit schon vor dem Rentenalter solche Möglichkeiten entdeckt, und wäre heute, auch ohne Schulausbildung, Millionär.

Nun saß ich also den ganzen Tag allein in der 4- Zimmerwohnung. Die Kinder wurden älter und ich auch.

Wenn die Frau von der Arbeit kam, war sie oft erschöpft und manchmal auch verärgert, wenn mal wieder etwas schiefgelaufen war. Da nur ich da war und die Kinder sich in ihren Zimmern verkrochen, war ich der

Blitzableiter und gab auch so manchen Stromstoß zurück.

Nachdem die Kinder aus dem Haus waren und einen eigenen Beruf und Wohnung hatten, gingen wir uns gegenseitig noch mehr auf die Nerven, und ich musste eine Lösung finden, um nicht völlig zu verblöden.

Ich beschloss allem zu entfliehen und allein nach Thailand zu gehen. Warum ich auf die Idee nicht schon zehn Jahre früher gekommen bin, kann ich nachträglich nur damit begründen, dass alle von mir erwarteten, dass ich bei der Familie bleiben müsse, wie das Alle taten, obwohl meine Kinder und meine Frau mich manchmal lieber auf den Mond geschossen hätten, und sowieso keiner mehr machte, was ich wollte.

Jedenfalls setzte ich, trotz Unverständnis und Missbilligung, auch meiner deutschen Verwandten und Bekannten, den Plan diesmal in die Tat um. Als Yupin eines nachmittags nach Hause kam, war die Wohnung leer. Ich war mit meinem kleinen Köfferchen unterwegs zu meinem vorletzten Domizil auf dieser wunderschönen Erde.

Das große Haus in Thailand empfing mich mit strahlendem Sonnenschein und wohligen Temperaturen.

Nach dem 12-stündigen Flug nahm ich erst einmal ein ausgiebiges Duschbad und ließ mich danach, nur mit dem Badetuch umhüllt, auf das Bett in einem der zwei Schlafzimmer im Obergeschoss des Hauses fallen.

Das Gefühl was mich überkam war unbeschreiblich. Hier lag ich nun zum ersten Mal in meinem Leben, allein in einem Doppelbett in einem Haus in Thailand, und konnte meinen Gedanken nachhängen, ohne befürchten zu müssen, dass gleich jemand hereinkam und sagte: „Hast du denn nichts Besseres zu tun, als hier rumzuliegen. Wie sieht denn die Küche wieder aus? Ich habe den ganzen Tag gearbeitet und jetzt muss ich auch noch deinen Dreck wegräumen."

Ich genoss das neue Alleinsein so sehr, dass ich liegen blieb, bis ich eingeschlafen war.

Ich erwachte erst am nächsten Morgen, als die Sonne, die sich in Thailand selten hinter Wolken versteckt, das Zimmer mit hellen Licht durchflutete.

Es war immer noch still im Haus, und das würde jetzt auch immer so bleiben, jedenfalls hatte ich mir das so gewünscht. Die Thai Bekannten, die uns im Urlaub immer besucht hatten, kamen nicht, wenn meine Frau nicht dabei war.

Ich hatte mir vorgenommen, mein bisheriges Leben total umzustellen, und alles hinter mir zu lassen, was mir Andere oder ich selbst im Laufe des Lebens aufgebürdet hatten.

Als erstes richtete ich mir das Zimmer nach meinen Vorstellungen ein. Das riesige Doppelbett wurde durch ein anderes breites Bett ersetzt. Der große Kleiderschrank aus Deutschland, mit den zwei Spiegeltüren wurde durch einen kleinen Schrank ausgetauscht. Die Kleidung, die ich in Thailand brauchte, bestand im Wesentlichen aus einer Turnhose, und sonst nichts. Nur wenn ich das Haus verließ, war eine kurze Hose und ein kurzärmeliges Hemd erforderlich. Der Internetanschluss, den ich unbedingt haben wollte, war bereits durch ein Modem der Post vorhanden. Dort schloss ich meinen mitgebrachten Computer an, und schon konnte mir nichts mehr entgehen, von dem, was die Menschen auf ihrem Planeten wieder angerichtet hatten.

Den Telefonkontakt nach Deutschland beschränkte ich auf das Notwendigste. Die Telefonate mit Yupin liefen immer darauf hinaus, dass ich die Familie allein gelassen hätte, und sie sich jetzt um alles kümmern müsse. Jeder Einwand, dass sie doch auch zwei erwachsene Kinder hätte, die sich nicht im Geringsten darum kümmerten, wie es der Mutter ging, und dass ich von Thailand aus weiterhin alles erledigte, was der Staat von mir und meiner Frau verlangte, wurde von ihr überhört.

Auch meine Essgewohnheiten stellte ich um, weil ich erkannt hatte, wie viel Zeit ich in meinem Leben, für mich und Andere, vergeudet hatte, mit der täglichen Frage: „Was gibt es heute zu Essen." Ich lebte fortan nur noch von Brot, das es in Thailand auch in verschiedenen Variationen gab, und war damit, das für mich lästige, Kochen los. Das habe ich bisher bereits sechs Jahre durchgehalten, und bin immer noch kerngesund.

Es blieb nicht aus, dass ich langsam auch etwas Thailändisch sprechen lernte, was wiederum zur Folge hatte, dass ich auch bald einige thailändische Freunde bekam. Ich achtete jedoch genau darauf, dass ich nicht wieder in irgendwelche Abhängigkeiten oder Verpflichtungen schlidderte, die am Ende meine neu gewonnene Freiheit wieder einschränken würden.

Den Kontakt mit Deutschen oder anderen Europäern vermied ich absichtlich, weil ich deren Gelaber über ihre Erlebnisse mit Thai Mädchen, und ihr Benehmen als weit überlegene Menschen, nicht ertragen konnte und wollte.

Nur eines konnte ich nicht abschütteln, und das waren, wie bereits zu Beginn angekündigt, die Erlebnisse mit dem deutschen Rechtsstaat. Hier zeigt sich am deutlichsten, was dabei herauskommt, wenn man Menschen das Recht gibt, über andere Menschen zu richten.

In dem, was ich gleich schildern werde, geht es zwar nur um das Geld anderer Menschen, aber die vielen Fehlurteile zeigen, dass das bei Urteilen über das Leben anderer Menschen nicht anders ist.

Ich werde versuchen, die Sache etwas mit Humor darzustellen, weil es sonst unerträglich wäre. Fangen wir also an:

Ich hatte immer noch meine kleine Zweizimmerwohnung in der Nachbargemeinde von Frankfurt. Da ich jetzt eine eigene große Wohnung hatte, war diese vermietet. In dem Haus waren 50 Wohnungen. Das ging auch alles gut, bis eines Tages der Beirat der Eigentümer durch den Kauf mehrerer Wohnungen in den Eigentümer-versammlungen immer die Mehrheit hatte.

Wie alles in dem deutschen Rechtsstaat, ist natürlich auch das Zusammenleben von Eigentümern in einem Haus, bis ins Kleinste gesetzlich geregelt. Da das Gesetz klar sagt, dass immer die Mehrheit über die Angelegenheit der Gemeinschaft entscheidet, kam der Beirat auf die Idee, diese gesetzliche Möglichkeit auch zu nutzen.

Die Verteilung der Heizkosten auf die Eigentümer gefiel ihm überhaupt nicht. Nach den Abrechnungen von einer bekannten Ablesefirma, wurden die Heizkosten immer gerecht auf alle Eigentümer verteilt. Der Beirat fand eine kleine Firma, wo er auf die Abrechnungen Einfluss nehmen konnte, und so wurden von da an die Heizkosten auf die umgelegt, die sich am wenigsten um die

Abrechnungen kümmerten. Dazu gehörte auch ich.

Als die Heizkosten für meine Wohnung zehnmal so hoch waren, wie die vergleichbarer Wohnungen, platzte mir der Kragen. Da ich ja in dem weltweit gelobten Rechtsstaat Bundesrepublik Deutschland wohnte, beschloss ich mir auf dem Rechtsweg mein Recht zu holen. Es ging um zu viel gezahlte Heizkosten von 2.000,- EUR. Ich nahm mir einen Rechtsanwalt, weil der ja extra dafür da ist, mir mein Recht zu verschaffen. Der reichte auch eine Klage ein, das Gericht solle ein Urteil sprechen, dass die Abrechnung ungültig sei. Es konnte nur eine Sache von Tagen sein, bis das Gericht dies erkannte, dachte ich.

Stattdessen dauerte es erstmal drei Monate, bis das Gericht über die Sache mündlich verhandeln wollte.

Na schön, ich sah ein, dass nicht so viele Richter eingestellt werden konnten, dass bei den unendlich vielen Gesetzen, jeder gleich sein Recht bekommt.

Nachdem die zwei Rechtsanwälte, einer von mir und einer vom Beirat, verhandelt hatten, bekam ich eine lange E-Mail von meinem

Anwalt, dass das Gericht beschlossen habe, einen Gutachter zu beauftragen.

Ich verstand die Welt nicht mehr. Es konnte doch nicht wahr sein, dass ein Richter nicht erkannte, dass es unmöglich ist, in einer Wohnung zehnmal so viel zu verheizen, als in anderen gleichen Wohnungen. Ich kümmerte mich selbst um die Sache und fand ein Urteil, wo ein anderer Richter, bei Heizkosten, die nur etwas mehr als doppelt so hoch waren. entschieden hatte, dass er sich so viel Sachverstand zutraue, dass er auch ohne Gutachter entscheiden könne, das so hohe Heizkosten nur ein Indiz dafür sein können, dass die gesamte Abrechnung falsch sei.

Ich schickte dieses Urteil an meinen Rechtsanwalt und an das Gericht, weil ich irgendwo gelesen hatte, dass sich Richter auch für das interessieren, was andere Richter in gleichen Fällen schon entschieden hatten.

Antwort bekam ich von Niemand. Stattdessen bekam ich einen Brief vom Gericht, dass dieses einen Gutachter, Herrn Dr. Dr. Soundso mit dem Gutachter beauftragt habe. Dieser verlange einen Vorschuss von 1.000,- EUR, den ich sofort bezahlen müsse.

Erneut fasste ich mich an den Kopf. Es ging doch nur um 2.000,- EUR zu viel gezahlter Heizkosten. Danach kam ein Brief des Gutachters, der vielleicht erkannt hatte, was für ein Quatsch das war, dass er für eineinhalb Jahre ausgelastet sei, und das Gericht einen anderen Gutachter suchen sollte. Es fand sich tatsächlich ein Gutachter für den Quatsch, allerdings wollte der bereits einen Vorschuss von 1.800,- EUR.

Da ich Rechtschutzversichert war, ließ ich das alles über mich ergehen, ändern konnte ich sowieso nichts.

Es folgte ein Aktenordner voll Schriftverkehr, zwischen mir und dem Rechtsanwalt, dem Gericht und dem Rechtsanwalt, und mir und dem Gericht, wann denn das Gutachten nun endlich fertig sei. Alles ohne Erfolg.

Nach fast zwei Jahren fasste ich den Entschluss, den Anwalt zu wechseln, in der Hoffnung, dass ein neuer Anwalt auch neuen Wind in die Sache bringen würde.

Zuvor hatte ich aber noch einen Brief an die Frau Richterin verfasst, den ich zur Unterhaltung ungekürzt beifügen möchte:

„Sehr geehrte Damen und Herren,

da seit dem Ortstermin des Gutachters (Name gelöscht) in obiger Sache jetzt mehr als 4 Monate vergangen sind, und meinem Anwalt immer noch keine Kopie des Gutachtens oder eine Anforderung des Gerichts für das Gutachten vorliegt, möchte ich nachfragen, ob meine Akte vielleicht wieder, wie bereits vor zwei Jahren schon einmal, im Geschäftsgang verloren gegangen ist.

Sollte das Amtsgericht (Name gelöscht) nicht genug Personal haben, um die Akte zu finden, könnte ich mal beim Justizministerium nachfragen, ob dort vielleicht ein paar Beamte frei sind, die bei der Suche helfen könnten.

In der bereits vierjährigen Dauer des Verfahrens, bin ich inzwischen 78 Jahre alt geworden. Ich würde mich riesig freuen, wenn mir das Gericht noch vor meinem 80. Geburtstag das Urteil präsentieren würde.

Mit freundlichen Grüßen."

Das war natürlich ein Fehler, und der Rache der Richterin war ich mir bewusst. Aber dazu später.

Zunächst einmal wollte ich den Anwalt wechseln. Ich fand auch eine Anwältin, mit der ich vor zwanzig oder mehr Jahren mal gute Erfahrungen gemacht hatte. Sie war auch bereit die Klage weiterzuführen.

Da die Rechtschutzversicherung nur die Kosten für einen Anwalt übernahm, musste zunächst geklärt werden, welchen Anwalt ich selbst bezahlen wollte.

Der erste Anwalt hatte in seiner Klageschrift einen Streitwert von 3.000,- EUR angegeben, und ich ging davon aus, dass die Gebühren, bei dem Streitwert meine finanziellen Möglichkeiten nicht übersteigen würden. So erklärte ich mich bereit, die Kosten des ersten Anwalts zu übernehmen.

Was dann folgte, hätte mich fast das Leben gekostet (übertrieben!). Ich bekam einen Brief von der Versicherung, dass ich jetzt 7.105,- EUR zu zahlen hätte. Es ging doch nur um 2.000,- EUR Heizkosten, wie konnte das denn möglich sein?

Das waren ja insgesamt für beide Anwälte und Gerichtskosten mehr als 20.000,- EUR?

Es war ein Protokoll der mündlichen Verhandlung beigefügt, aus der hervorging, dass der Richter nach Vortrag der beiden

Anwälte einen vorläufigen Streitwert von 58.000,- EUR festgesetzt hatte. Hatten denn alle den Verstand verloren? So viel war ja die ganze Wohnung nicht wert. Zumindest der Richter hätte doch da nicht mitmachen dürfen!

Von diesem Streitwert hatte mir mein Anwalt nicht ein Sterbenswörtchen gesagt, sondern hinter meinem Rücken eine Rechnung von über 7.000,- EUR bei der Versicherung abkassiert.

Die Sache wird aber noch schöner. Die zweite Anwältin hatte sich inzwischen Einsicht in die Akte verschafft, und dort den verlockenden Streitwert entdeckt. Sie hatte nichts Eiligeres zu tun, als selbst schnellstens eine eigene Rechnung nach diesem Streitwert für die Einarbeitung in die Sache zu schreiben von 1.800,- EUR, um dann das Mandat wegen Bruch des Vertrauensverhältnisses niederzulegen. Ich bekam Gewissensbisse, weil ich sie so enttäuscht hatte. Vielleicht wäre sogar Liebe daraus geworden.

Eines Tages war das Gutachten wirklich fertig. Der Gutachter bescheinigte, dass die gesamte Abrechnung falsch war. Die Schlussfolgerung, die er daraus zog, war aber nicht, dass die Heizkosten zu hochwaren, sondern sie seien trotzdem richtig, weil meine Mieter so viel verheizt hätten. Wie sie das angestellt haben sollen, dazu war kein Wort gesagt.

Sogar der gegnerische Anwalt teilte der Richterin schriftlich mit, dass darin ein Widerspruch liege.

In der darauffolgenden nochmaligen mündlichen Verhandlung, folgte sie aber der Aussage des Gutachters, dass das kein Widerspruch sei, und die Mieter eben so viel verheizt hätten, basta.

Für mich war klar, dass hier etwas nicht mit rechten Dingen zugegangen war, weil sich alle einig waren, und es konnte ein neuer endgültiger Streitwert ausgehandelt werden.

Diesmal kamen 30.000,- EUR dabei heraus. Ich habe dann selbst gegen diesen Streitwert Beschwerde eingereicht, und das Landgericht hat den Streitwert auf 13.000,- EUR herabgesetzt, weil ich bei der Begründung etwas übersehen hatte. Der richtige Streitwert wäre tatsächlich nur 3.000,- EUR gewesen.

Ich selbst habe darin eine Bestätigung gefunden, die ich schon lange wusste: Auch Richter sind nur Menschen. Die Rache mit dem Urteil, auf mein höhnisches Schreiben über die Gerichtsverfahren in Deutschland, ist eine typisch menschliche Reaktion, die auch Richter etwas menschlicher machen.

In diesem Zusammenhang fällt mir auch ein Kommentar eines deutschen Richters ein, zu dem Buch von Norbert Blüm „Einspruch", und auch zu einem meiner Büchlein. Zu Norbert Blüm, jedenfalls ein angesehener und beliebter Politiker, äußerte er sich dahin, dass er doch lieber bei seinen Leisten bleiben solle als gelernter Handwerker, und er freue sich darauf, dass sein Aufruf zu gerechteren Urteilen bald wieder in wohltuende Vergessenheit geraten werde. Mein Büchlein fand er sogar unter seiner Ehre, so etwas überhaupt zu lesen.

Das zeigt in welch abgehobenen Sphären sich Menschen bewegen, wenn man sie zu Richtern macht.

Dieses Erlebnis hat auch beigetragen zu den Schlussfolgerungen, die ich in dem Rückblick auf mein Leben gezogen habe.

Meine Erfahrungen mit dem deutschen Rechtsstaat hat mich sogar dazu gebracht mein erstes Büchlein zu schreiben, dem dann noch drei folgten, und mein erstes richtiges

Buch hat sich dadurch um vier Jahre verzögert.

Der verehrte Leser soll aber auch noch erfahren, wie jetzt mein neues Leben in Thailand weiter abgelaufen ist.

Meine Tochter hat mich einmal gefragt, was ich den ganzen Tag so mache. Ich habe ihr geantwortet: „Ich sitze da, und lasse meine Gedanken an mir vorüberziehen, und wenn mir einer Gefällt, schreibe ich ihn auf."

Das ist natürlich nicht alles.

Wie bereits erwähnt, habe ich inzwischen einige thailändische Bekannte, mit denen ich ab und zu essen gehe, oder gemeinsam am Strand sitze.

Die thailändischen Verwandten habe ich dabei bewusst ausgeschlossen, weil ich dadurch unweigerlich wieder in mein altes Leben zurückgezogen worden wäre, und wieder mit alltäglichen Familienproblemen, die in Thailand noch größer sind als in Deutschland, zu tun gehabt hätte.

Geld ist das Thema um das sich in Thailand alles dreht, obwohl es außer ein paar Superreichen, keiner hat. Jeder versucht ein wenig davon zu bekommen. Verhungern muss hier zwar Niemand, weil sich vor allen die Familienmitglieder gegenseitig helfen, und auch Jeder in einem Tempel Hilfe bekommt, wenn er ganz am Ende ist.

Ich habe durch meine Bekannten so viel Thai gelernt, dass ich mich inzwischen überall verständlich machen kann.

Mein Tagesablauf ist kurz erzählt:

Meist um sieben Uhr gibt es Frühstück, Vollkorntoastbrot mit Honig und Frischkäse. Dazu eine große Tasse Kaffee. Als Nachtisch eine Vitamin- und Ginseng Tablette.

Um 10,30 öffnen die Kaufhäuser. Wenn ich etwas brauche bin ich früh da, bevor es voll wird.

12 Uhr Mittagessen: Vollkorntoast mit Marmelade und Frischkäse, dazu wieder Kaffee mit Mich und Süßstoff.

Wenn müde, Mittagsschlaf.

15 Uhr manchmal erneut Bummel durch Kaufhäuser.

18 Uhr Abendessen, Toastbrot mit Wurst, Käse oder Marmelade, Frischkäse. Tee mit Milch und Süßstoff. Nachtisch: Vitamin- und Magnesium Tablette.

Ab 17 Uhr Fernsehen deutsch, Nachrichten und Serien bis 19 Uhr.

Danach Musik hören, Klassik und dabei schreiben oder such ohne Musik schreiben, bis ich müde werde, dann schlafen.

Am Wochenende ist meist am Strand etwas los, Markt mit Musikkapellen, jedes Wochenende, oder an besonderen Tagen Motorrad Treffen, Radfahrer Treffen, Feuerwerk und einmal in Jahr 5 Tage lang Autorennen, wie in Monaco, allerdings nicht mit Formel-Eins-Boliden, sondern mit aufgemotzten Straßenfahrzeugen, die mit einem Höllenlärm ebenfalls 300 Sachen schaffen.

Songkran, ist das Fest, wo sich die Thais, und natürlich auch die Touristen, fünf Tage lang mit Wasser begießen und alle Straßen verstopft sind. Dann gibt es am Strand auch mehrere Freiluft- Discotheken, wie auch zu Neujahr. Bei solchen Veranstaltungen bin ich natürlich auch dabei.

Ich versuche so wenig wie möglich an mein früheres Leben zurückzudenken, was natürlich nicht leicht ist, wenn mir meine Frau immer noch die Post per Fax weiterleitet.

Es kommen immer noch Briefe vom Gericht, weil mein Anwalt sich nicht damit abfinden kann, dass er die zu viel berechneten Gebühren an die Versicherung zurückzahlen musste. Das Finanzamt will jedes Jahr eine neue Steuererklärung von mir, obwohl ich immer einen kleinen Betrag zurückbekomme, auf den ich gern verzichten würde, wenn man mich in Ruhe lässt.

Die Hausabrechnung für die Wohnung, in der meine Frau jetzt allein wohnt, ist jedes Jahr zu hoch, weil die anderen wissen, dass ich mich nicht mehr darum kümmere.

Wenn meine Frau mit etwas nicht zurechtkommt, dann kommt sie immer noch zu mir damit, weil sie die deutsche Post nicht lesen kann. Ihr Sohn, der jetzt sogar wieder bei ihr im Haus wohnt, kümmert sich nur um seine Computerspielerei und hat keine Zeit für seine Mutter.

Wie gerne würde ich das alles einfach laufen lassen, aber ich kann es nicht, weil ich so erzogen wurde, dass man seine Pflicht tun muss. Ich bin 12.000 Kilometer weg von Deutschland, aber die deutschen Gesetze können mich aber überall auf der Welt verfolgen.

Durch die aus Frust über die unerträglichen Zustände im deutschen Rechtssystem entstandenen Büchlein, habe ich die Lust am Schreiben entdeckt. Dies ist bereits mein zweites Buch.

Vielleicht findet ja mal ein Mensch, unter den mehr als sechs Millionen Büchern, die es allein bei Amazon gibt, ein Buch von mir, und trägt meine Gedanken weiter, und erfüllt meinen Traum, den ich am Ende des Buches geträumt habe.

Nur sehr wenige Menschen schaffen es schon während ihres aktiven Lebens die vorgegebenen Bahnen, vor allem in den Industriestaaten, zu verlassen, und sich einen eigenen, selbst bestimmten Lebensweg zu bahnen.

Für mich war das ein Absprung in letzter Minute, und ich freue mich über jeden Tag, Monat oder Jahr, der oder das mir noch verbleibt, um bewusst mit offenen Sinnen alles wahrzunehmen, was in der Welt vor sich geht, und meine Lehren daraus zu ziehen, und anderen weiterzugeben, die sich bis zum Lebensende allein um ihr Überleben Gedanken machen müssen.

Damit will ich die Schilderung meines Menschenlebens beenden. Mein Leben war nichts Besonderes und eigentlich lohnt es sich gar nicht das anderen zu erzählen. Es war aber meine Absicht, mein Leben nur als Beispiel für Millionen gleichartiger Lebensläufe darzustellen, und vor allem die Lehren weiterzugeben, die ich aus meinem Leben gezogen habe.

Was jetzt noch kommt, werde ich genießen und für mich behalten.

Lebt wohl ihr Menschen, ich wünsche euch eine menschenwürdige Zukunft, ohne Hunger, Kriege, Flüchtlinge, Verfolgung, Gefängnis und Hinrichtung. Wenn ihr das nicht schafft, dann wäre es besser, dass die Menschheit so schnell wie möglich ausstirbt, bevor sie auch noch das letzte zarte Pflänzchen Leben auf diesem einzigartigen Planeten vernichtet hat.

Rückblick

In Thailand habe ich eine Erfahrung gemacht, die ich in Europa nicht hätte machen können: Wenn es keine Gesetze gibt, oder keiner die Gesetze kennt oder beachtet, dann gibt es keinesfalls das totale Chaos, und jeder schlägt dem Anderen den Schädel ein, sondern dann offenbart sich eine wunderbare Eigenschaft des Menschen, die Jedem von Geburt an innewohnt, er arrangiert sich.

Kinder tun das automatisch beim Spielen und Erwachsene können das noch viel besser, wenn ihnen nicht durch Gesetze vorgeschrieben wird, was sie zu tun und zu lassen haben.

Am deutlichsten wird das im Straßenverkehr: In Thailand hat zwar auch jeder einen Führerschein, und es gibt auch Verkehrsregeln. Den Führerschein, den ich übrigens auch habe, bekommt man aber ohne Fahrschule und Kenntnis der Verkehrsregeln.

Ich wurde z. B. aufgefordert mal zu hupen, und da ich wusste wo die Hupe ist, wurde mir der Führerschein ausgehändigt. Kosten ca. 25 EUR.

Auf Thailands Straßen fährt jeder so, als wäre er allein unterwegs. Wenn ein Auto vor einem anhält, dann muss man eben warten, bis der weiterfährt, und was hinter einem ist, geht mich nichts an.

In Deutschland unvorstellbar:

Fahrzeuge, besonders Motorradfahrer kommen einem auf der eigenen Fahrbahn als sogenannte Geisterfahrer laufend entgegen,

Vier Personen auf einem Motorrad,

Fahrräder fahren auf Autoschnellstraßen,

Autos wenden verbotenerweise auf belebtesten Hauptverkehrsstraßen, auch wenn dadurch der Verkehr zusammenbricht,

überholt wird in Linksverkehr rechts und links, auf der Standspur, oder wenn neben der befestigten Straße noch etwas Platz ist, auch da,

Kurven werden regelmäßig nicht ausgefahren, was besonders an Kreuzungen viel Arrangements der Fahrer bedarf,

Wenn man etwas Interessantes entdeckt hat, macht man die Blinkanlage an und hält mitten auf der Fahrbahn an.

Die Polizei beschränkt sich auf gelegentliche Straßenkontrollen, wo sie sich auf Motorradfahrer beschränkt, die ohne Schutzhelm fahren, und Durchsuchen der Autos nach Rauschgift oder Ausländern ohne Visum.

Blitzanlagen und Radarfallen, Fehlanzeige. Polizeiautos in Zivil, die Autofahrer verfolgen gibt es auch nicht.

Jeder Fahrer in Thailand kennt die Fahrgewohnheiten der anderen und hat sich darauf eingestellt. Es gibt keine Huperei, keine Tobsuchtsanfälle, und keine Rechthaberei und Vogel zeigen, weil sowieso keiner weiß, wer richtig fährt. Es gibt sogar prozentual weniger Unfälle als in einem Land, wo jeder auf sein Recht pocht.

Hier könnte ich noch andere Beispiele bringen, wo die Nichtbeachtung der bestehenden Gesetze zunächst zu einem Stillstand führt, und sich zum Schluss alles in Wohlgefallen auflöst.

Zum Beispiel hatte ich in einem großen Neubaugebiet sehr preiswert ein Reihenhaus auf Ratenzahlung erworben, und als nach zwei Jahren der Baubetrieb eingestellt wurde, weil angeblich die Gesetze nicht beachtet wurden, habe ich aus Angst, die geringe Anzahlung zu verlieren, den Vertrag gekündigt.

Nach einem Jahr Pause ging auf einmal alles weiter, und ich war der Dumme, und konnte zum Schluss, als das Haus fertig war, nur noch sehen, was ich verschenkt hatte.

Dadurch, dass man dem Menschen nicht alles durch Gesetz vorschreibt, wie er sich zu verhalten hat, und er sich mit seinem Nächsten arrangieren kann, ist natürlich auch ein ganz andere Menscheschlag entstanden. Nicht umsonst nennt man Thailand das Land des Lächelns.

Jeder Mensch auf der Erde wird geboren mit einem gesunden Menschenverstand. Er kann immer und überall auf der Welt selbst erkennen und entscheiden, was gut für ihn und seinen Mitmenschen ist, und sich mit ihm arrangieren. Er darf das aber nicht, weil die Gesetze einiger weniger Gesetzesmacher, an deren gesundem Menschenverstand man oft Zweifel haben muss, das verbieten.

Bei fünf Milliarden Menschen auf der Erde ruht hier ein Potential an Menschenverstand, das man nur aufwecken müsste, und alle Probleme der Menschheit wären gelöst.

Ausblick

Nach 80 Jahren erlebter Menschheit habe ich einen Traum:

Das Internet hat alle Menschen auf der Erde zusammengeführt, und Jeder kann mit Jedem auf der ganzen Welt kommunizieren.

Alle Grenzen, die die Menschen voneinander trennen, gibt es nicht mehr.

Die von Menschen geschaffenen Gesetze, die den Einzelnen daran hindern in seinem Leben das zu tun, was er mochte, sind abgeschafft, und es gibt keine Menschen mehr, die über andere Menschen richten dürfen.

Die Menschheit braucht keine Festlegung der Menschenrechte durch Menschen, jeder Mensch hat Menschenrechte, die er selbst bestimmen kann. Die Menschen sind nicht alle gleich.

Es gibt keine Zwangsschulen und sonstigen Erziehungsanstalten mehr, die das Individuum Mensch zu einem gehorsamen

Einheitsmenschen umformen. Jeder kann sich das Wissen, das er zum Überleben braucht, aus dem Internet und von anderen Menschen oder Learning on the Job selbst aneignen, und wer will, kann sogar freiwillige Bildungseinrichtungen besuchen, mit richtigen Lehrern, die aber die Menschen nicht mehr an der Vergangenheit ausrichten, sondern für die Zukunft vorbereiten.,

Soldaten und Waffen, das größte Übel der Menschheit, gibt es nicht mehr. Die Menschen haben, nach anfänglichen Schwierigkeiten erkannt, dass es Keinem etwas bringt, wenn man sich gegenseitig umbringt.

Politiker, und Juristen gehören der Vergangenheit an. Die Menschen regeln alle Angelegenheiten zur Versorgung und zu einem menschenwürdigen Zusammenleben unter sich über das Internet.

Die Menschen gehen weiterhin, ohne Zwang, ihrer bisherigen Beschäftigung nach, weil sie erkannt haben, dass jeder nach seinen Fähigkeiten dazu beitragen kann, die Versorgung aller Menschen weltweit zu gewährleisten.

Das vorhandene globale Transportsystem sorgt computergesteuert dafür, dass alle Nahrungsmittel, Waren und Güter dorthin gelangen, wo sie benötigt werden, und nicht nur dahin, wo sie bereits im Überfluss vorhanden sind.

Geld ist überflüssig, weil alle Menschen nach ihren Bedürfnissen versorgt werden.

Die Evolution hat in Jahrmillionen dafür gesorgt, dass sich das Leben auf der Erde erhalten hat. Auch die Menschen haben erkannt, dass nicht eine von Wenigen zu ihren Gunsten, gesteuerte Entwicklung der Menschheit den Fortbestand des Lebens sichert, sondern Jeder zum Wohle der Lebensgemeinschaft auf der Erde beitragen muss.

An diesen Traum werde ich glauben, und ihn mit ins Grab nehmen,

Erfüllen müssen ihn aber kommende Generationen.